T0209018

# essentials

*essentials* liefern aktuelles Wissen in konzentrierter Form. Die Essenz dessen, worauf es als „State-of-the-Art" in der gegenwärtigen Fachdiskussion oder in der Praxis ankommt. *essentials* informieren schnell, unkompliziert und verständlich

- als Einführung in ein aktuelles Thema aus Ihrem Fachgebiet
- als Einstieg in ein für Sie noch unbekanntes Themenfeld
- als Einblick, um zum Thema mitreden zu können

Die Bücher in elektronischer und gedruckter Form bringen das Expertenwissen von Springer-Fachautoren kompakt zur Darstellung. Sie sind besonders für die Nutzung als eBook auf Tablet-PCs, eBook-Readern und Smartphones geeignet. *essentials:* Wissensbausteine aus den Wirtschafts-, Sozial- und Geisteswissenschaften, aus Technik und Naturwissenschaften sowie aus Medizin, Psychologie und Gesundheitsberufen. Von renommierten Autoren aller Springer-Verlagsmarken.

Weitere Bände in der Reihe http://www.springer.com/series/13088

Dietmar Sternad · Erich Hartlieb
Martin Stromberger

# Internationalisierung von Start-ups

 Springer Gabler

Dietmar Sternad
Professur für International Management
Fachhochschule Kärnten
Villach, Kärnten, Österreich

Martin Stromberger
Hochschullehre für Wirtschaftsinformatik
Fachhochschule Kärnten
Villach, Kärnten, Österreich

Erich Hartlieb
Professor für Innovations- und Technolo-
giemanagement, Fachhochschule Kärnten
Villach, Kärnten, Österreich

ISSN 2197-6708          ISSN 2197-6716   (electronic)
essentials
ISBN 978-3-658-20404-4        ISBN 978-3-658-20405-1   (eBook)
https://doi.org/10.1007/978-3-658-20405-1

Die Deutsche Nationalbibliothek verzeichnet diese Publikation in der Deutschen Nationalbiblio-
grafie; detaillierte bibliografische Daten sind im Internet über http://dnb.d-nb.de abrufbar.

Springer Gabler
© Springer Fachmedien Wiesbaden GmbH 2018

Gedruckt auf säurefreiem und chlorfrei gebleichtem Papier

Springer Gabler ist Teil von Springer Nature
Die eingetragene Gesellschaft ist Springer Fachmedien Wiesbaden GmbH
Die Anschrift der Gesellschaft ist: Abraham-Lincoln-Str. 46, 65189 Wiesbaden, Germany

# Was Sie in diesem *essential* finden können

- Eine auf die Bedürfnisse der Start-up-Szene zugeschnittene Einführung in das Thema Internationalisierung von neu gegründeten Unternehmen.
- Hinweise zum Umgang mit den wesentlichen Herausforderungen im Rahmen von Internationalisierungsvorhaben von Start-ups.
- Einflussfaktoren und Strategien für eine erfolgreiche Internationalisierung von Start-ups.
- Eine Übersicht über die Möglichkeiten der Nutzung von Internettechnologien für Internationalisierungsinitativen von Start-ups.
- Empfehlungen für Institutionen, die es sich zum Ziel setzen, Start-ups bei ihren Internationalisierungsbemühungen zu unterstützen.

# Inhaltsverzeichnis

1 Einleitung: Internationalisierung als
  Wachstumsstrategie für Start-ups. . . . . . . . . . . . . . . . . . . . . . . . . . .   1

2 Herausforderungen für Start-ups bei der
  Internationalisierung . . . . . . . . . . . . . . . . . . . . . . . . . . . . . . . . . . . . . .   5
  2.1 Generelle Herausforderungen der
      Internationalisierung . . . . . . . . . . . . . . . . . . . . . . . . . . . . . . . . . .   5
  2.2 Spezifische Herausforderungen für Start-ups . . . . . . . . . . . . . . . .   7

3 Voraussetzungen für die erfolgreiche
  Internationalisierung von Start-ups . . . . . . . . . . . . . . . . . . . . . . . . .  11
  3.1 Ressourcenerfordernisse für die
      Start-up-Internationalisierung . . . . . . . . . . . . . . . . . . . . . . . . . . .  11
  3.2 Fähigkeiten für die erfolgreiche
      Internationalisierung von Start-ups . . . . . . . . . . . . . . . . . . . . . . .  13
  3.3 Ressourcen und Fähigkeiten im Zusammenspiel. . . . . . . . . . . . . .  14

4 Strategien und Aktivitäten zur Identifikation
  und Nutzung von Chancen auf Auslandsmärkten . . . . . . . . . . . . . . .  17
  4.1 Identifizieren von Chancen auf Auslandsmärkten . . . . . . . . . . . . .  18
  4.2 Nutzen von Chancen auf Auslandsmärkten . . . . . . . . . . . . . . . . . .  20

5 Die Rolle des Gründerteams für die
  Start-up-Internationalisierung . . . . . . . . . . . . . . . . . . . . . . . . . . . . .  25
  5.1 Die personenbezogenen Voraussetzungen
      für eine erfolgreiche Internationalisierung. . . . . . . . . . . . . . . . . .  26
  5.2 Die Rolle des Gründerteams im Rahmen der
      Internationalisierung . . . . . . . . . . . . . . . . . . . . . . . . . . . . . . . . . . .  28

**6   Die Nutzung des Internets für die Internationalisierung**
**von Start-ups**. . . . . . . . . . . . . . . . . . . . . . . . . . . . . . . . . . . . . . . . .   29
6.1   Internationale und mehrsprachige Webseiten . . . . . . . . . . . . . . . .   29
6.2   Internationales Netzwerken mit Social Media. . . . . . . . . . . . . . .   31
6.3   Cloud Computing. . . . . . . . . . . . . . . . . . . . . . . . . . . . . . . . . . . .   32

**7   Webtechnologie als Basis für E-Entrepreneurship** . . . . . . . . . . . . . .   37
7.1   Early Stage. . . . . . . . . . . . . . . . . . . . . . . . . . . . . . . . . . . . . . . . .   38
7.2   Expansion Stage. . . . . . . . . . . . . . . . . . . . . . . . . . . . . . . . . . . . .   39
7.3   Later Stage. . . . . . . . . . . . . . . . . . . . . . . . . . . . . . . . . . . . . . . . .   44

**8   Unterstützungsmaßnahmen für die Internationalisierung**
**von Start-ups**. . . . . . . . . . . . . . . . . . . . . . . . . . . . . . . . . . . . . . . . .   45

**Literatur**. . . . . . . . . . . . . . . . . . . . . . . . . . . . . . . . . . . . . . . . . . . . . .   53

# Einleitung: Internationalisierung als Wachstumsstrategie für Start-ups

# 1

**Start-up-Unternehmen** (kurz **Start-ups**) sind junge Unternehmen, die sich durch eine innovative Geschäftsidee und ein hohes Wachstumspotenzial auszeichnen. **Wachstum**, zunächst durch Neukundengewinnung und in weiterer Folge durch Kundenbindung, ist ein vorrangiges Ziel für Start-ups. Für viele Start-ups hat der Heimatmarkt eine beschränkte Größe, und zwar insbesondere dann, wenn sie Lösungen für einen Nischenmarkt anbieten. In diesem Fall kann Wachstum vor allem über eine Internationalisierung der Geschäftstätigkeit erfolgen.

Eine frühe Internationalisierung kann gerade für Start-ups im High-tech-Bereich ein wesentlicher Erfolgsfaktor sein (Schwens und Kabst 2011). Es gibt dabei viele **Gründe für Start-ups, sich auf Auslandsmärkten zu engagieren** (siehe auch Abb. 1.1). Manche Branchen (vor allem im High-tech-Sektor) sind aufgrund ihrer Kundenstruktur generell global ausgerichtet, sodass es auch für Neueinsteiger in der jeweiligen Branche wichtig ist, ihre Leistungen grenz-überschreitend anzubieten. Ein beschränkter Heimatmarkt und größere Wachstumschancen auf Auslandsmärkten können weitere wichtige externe Gründe für Internationalisierungsinitiativen sein. Der Antrieb für eine verstärkte Auslandstätigkeit kann aber auch intern, also aus dem Unternehmen selbst kommen, zum Beispiel weil Mitglieder des Gründerteams Auslandserfahrungen mitbringen oder wenn bestimmte Eigenschaften, zum Beispiel eine generelle Offenheit gegenüber Neuem (eine hohe Innovationsneigung) und gegenüber einer internationalen Tätigkeit (im Sinne einer „internationalen Orientierung"), im Gründerteam besonders stark ausgeprägt sind. Innovative Produkte oder Lösungen, die sich auch im Ausland von den dort bestehenden Angeboten deutlich abheben sowie internationale Kontakte können sich ebenfalls förderlich auf eine Internationalisierung der Geschäftstätigkeit auswirken.

© Springer Fachmedien Wiesbaden GmbH 2018
D. Sternad et al., *Internationalisierung von Start-ups*, essentials,
https://doi.org/10.1007/978-3-658-20405-1_1

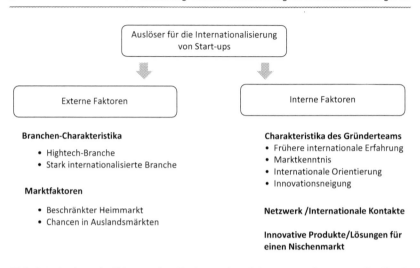

**Abb. 1.1** Auslösende Faktoren für die Internationalisierung von Start-ups. (Quelle: In Anlehnung an Cannone et al. 2012; Evers 2011)

Neben Chancen auf Umsatzwachstum kann eine Internationalisierung noch andere positive Effekte für Start-ups mit sich bringen. Eine Auslandstätigkeit kann **Zugang zu neuen Ressourcen** (z. B. talentierten Mitarbeitern oder Kapitalgebern) oder potenziellen **Kooperationspartnern** eröffnen oder aber auch die **Innovationsfähigkeit des Unternehmens stärken** (z. B., indem die Organisation durch Anpassungen an lokale Bedürfnisse flexibler und lernfähiger wird oder indem man im Ausland neue Ideen und zusätzliches Know-how generieren kann) (Kafouros et al. 2008).

Obwohl es also eine Vielzahl von Gründen gibt, als Start-up den Weg der internationalen Geschäftstätigkeit zu beschreiten, sollte berücksichtigt werden, dass die Internationalisierung die Komplexität erhöht und einen höheren Ressourcenbedarf, und zwar sowohl finanziell als auch personell, mit sich bringt (Pinkwart und Prosch 2014). Bevor man ein Start-up stark in Richtung Internationalisierung lenkt, sollte man sich daher zunächst mit den vielfältigen **Herausforderungen** beschäftigen, die ein solcher Schritt mit sich bringen kann (siehe Kap. 2).

Um erfolgreich auf internationalen Märkten tätig werden zu können, sind zudem verschiedene **Voraussetzungen** zu erfüllen. Kap. 3 beschäftigt sich mit den wesentlichen Ressourcen und Fähigkeiten, die für eine grenzüberschreitende Geschäftstätigkeit notwendig sind.

Sind die wesentlichen Grundvoraussetzungen erfüllt, geht es für Start-ups darum, Chancen in Auslandsmärkten zu identifizieren und anschließend die richtigen Schritte zu setzen, um diese auch entsprechend zu nutzen. Kap. 4 beschäftigt sich mit den wichtigsten **Strategien und Aktivitäten,** um dies zu ermöglichen.

Wie bereits bei den Gründen für die Internationalisierung von Start-ups erwähnt, spielen gerade bei neu gegründeten Unternehmen auch die **Charakteristika des Gründerteams** eine große Rolle bei der Ausrichtung des Unternehmens hinsichtlich der internationalen Geschäftstätigkeit. Die Rolle des Gründerteams wird daher in einem eigenen Kapitel (Kap. 5) näher beleuchtet.

Entwicklungen im Bereich der Informations- und Kommunikationstechnologie – insbesondere rund um das **Internet** – eröffnen ganz neue Möglichkeiten für eine grenzüberschreitende Geschäftstätigkeit. Wie Start-ups das Internet für ihre Internationalisierungsbestrebungen nützen können, wird in Kap. 6 beleuchtet. Viele Start-ups basieren ihr Geschäftsmodell auf dem innovativen Einsatz von Internet-Technologien. Die Spezifika der **Webtechnologien,** die von solchen Unternehmen genutzt werden können, werden in Kap. 7 betrachtet.

Die Internationalisierungsneigung von Start-ups kann durch Institutionen gefördert werden. Kap. 8 beschäftigt sich mit **Unterstützungsmaßnahmen,** die von institutioneller Seite gesetzt werden können, um Start-ups bei ihren Internationalisierungsvorhaben bestmöglich zu unterstützen.

Statistische Daten zeigen, dass Start-ups, die früh internationalisieren, trotz der Herausforderungen, die ihnen bei ihren Auslandsaktivitäten begegnen, keine schlechteren Überlebenschancen haben als Unternehmen, die sich rein auf ihren Heimatmarkt beschränken (Sleuwaegen und Onkelinx 2014). Andererseits können international tätige Start-ups Wachstumspotenziale entwickeln, die den meisten auf einen engen geografischen Raum fokussierten Unternehmen verwehrt bleiben. In diesem *essential* wird versucht, einige Faktoren zu identifizieren, die zum Entwickeln und Nutzen dieser Wachstumspotenziale beitragen können.

# Herausforderungen für Start-ups bei der Internationalisierung

2

Start-ups, die sich auf internationalen Märkten etablieren wollen, stehen vor einer Vielzahl von Herausforderungen. Neben den generellen Herausforderungen, die sich für alle Unternehmen im Zuge einer grenzüberschreitenden Geschäftstätigkeit ergeben, gibt es spezifische Themenfelder, die vor allem für kleinere und jüngere Unternehmen relevant sind (siehe Abb. 2.1 für einen Überblick).

## 2.1 Generelle Herausforderungen der Internationalisierung

Für Unternehmen aller Größen- und Altersklassen, die auf Auslandsmärkten tätig sind, bestehen bestimmte Nachteile gegenüber den lokal ansässigen Unternehmen. Diese sind vor allem unter dem englischen Begriff **„liability of foreignness"** (was man mit „Bürde der Fremdheit" übersetzen könnte) bekannt geworden (Denk et al. 2012). Dabei geht es um höhere Kosten, die generell durch eine Auslandstätigkeit entstehen, und zwar insbesondere durch:

a) die räumliche Distanz, die es zu überwinden gilt (für den Transport von Gütern, Geschäftsreisen oder auch bei der Koordination zwischen verschiedenen Zeitzonen);

b) die Unvertrautheit mit der fremden Umgebung und Kultur, was zu Informationsnachteilen, Missverständnissen oder interkulturellen Problemen führen kann;

c) geringeres Vertrauen gegenüber „fremden" Unternehmen und mögliche diskriminierende Bestimmungen im Zielmarkt; und

d) mögliche Barrieren im Heimatland eines exportierenden Unternehmens (z. B. Exporthindernisse für bestimmte Güter) (Zaheer 1995).

© Springer Fachmedien Wiesbaden GmbH 2018
D. Sternad et al., *Internationalisierung von Start-ups,* essentials,
https://doi.org/10.1007/978-3-658-20405-1_2

---

Herausforderungen für Start-ups
bei der Internationalisierung

| Generelle Herausforderungen der internationalen Geschäftstätigkeit | Spezifische Herausforderungen für Start-ups |
|---|---|

**„Liability of foreignness"**

- Räumliche Distanz
- Unvertrautheit
- Diskriminierung
- Barrieren im Heimatland

**Internationalisierungsrisiken**

- Wirtschaftliche Risiken
- Politisch-rechtliche Risiken
- Marktrisiken

**Finanzielle Herausforderungen**

- Mangel an finanziellen Ressourcen
- Keine stabilen Umsätze und Cash-Flows
- Schwieriger Zugang zu Kapital

**Management-Herausforderungen**

- Fehlende Managementkapazitäten/-fähigkeiten
- Keine oder geringe internationale Erfahrung
- Mangelndes Vertrauen in das Management

**Know-how-Herausforderungen**

- Fehlendes Markt-Know-how
- Fehlendes Internationalisierungs-Know-how

**Marketing-Herausforderungen**

- Fehlende Marketingfähigkeiten
- Mangel an Ressourcen für Marketing und Vertrieb
- Keine Kontakte/fehlendes Partnernetzwerk im Zielmarkt
- Interkulturelle Herausforderungen

**Abb. 2.1** Wesentliche Herausforderungen für Start-ups bei der Internationalisierung im Überblick. (Quelle: Autoren)

Eden und Miller (2004) sprechen auch von „sozialen Kosten der Auslandstätigkeit" (S. 189), die durch das „Fremdsein", die Bevorzugung einheimischer Unternehmen oder schwächere Beziehungen im Auslandsmarkt entstehen. Neben den Nachteilen gegenüber den lokalen Mitbewerbern bestehen für international tätige Unternehmen noch weitere **wirtschaftliche Risiken** (z. B. Wechselkursrisiko, Zahlungsausfallsrisiken), **politisch-rechtliche Risiken** (z. B. Korruptionsrisiken, Enteignungsrisiken oder mangelnde Rechtssicherheit in weniger entwickelten Märkten) und **Marktrisiken** (z. B. durch unvorhergesehene Entwicklungen am Auslandsmarkt) (Sternad 2013a).

Wie alle anderen Unternehmen müssen auch Start-ups, die international erfolgreich tätig sein wollen, im Wertangebot für ihre Auslandskunden Vorteile anbieten können, die größer sind als die zusätzlichen Kosten und Risiken, welche durch die Auslandstätigkeit entstehen.

## 2.2 Spezifische Herausforderungen für Start-ups

Es gibt für Start-ups neben den unter Abschn. 2.1 erwähnten generellen zusätzlichen Kosten und Risiken der Auslandstätigkeit auch noch weitere Herausforderungen, die aus ihrem Größennachteil sowie aus mangelnder Erfahrung und Etablierung am Markt entstehen. Dies sind insbesondere Herausforderungen in den Bereichen Finanzierung, Management, Know-how und Marketing.

**Finanzielle Herausforderungen** Dass ein Mangel an finanziellen Ressourcen Start-ups Schwierigkeiten bei der Umsetzung ihrer Expansionspläne im Ausland bereiten kann, wird durch eine Vielzahl von Studien bestätigt (z. B. Freeman et al. 2006; Lehmann und Schlange 2004). Geringe Umsätze, wenig Zeit für das Einwerben von Finanzmitteln oder ein schwierigerer Zugang zu Fremdkapital (z. B. aufgrund fehlender Sicherheiten) erschweren eine Finanzierung der zusätzlichen Kosten der Internationalisierung (z. B. für Geschäftsreisen, den Aufbau eines Vertriebssystems oder das Anwerben von Mitarbeitern) (Moen 2002; Luostarinen und Gabrielsson 2002). Viele Start-ups haben zudem noch keine stabilen Cash-Flows, was die Planbarkeit des Einsatzes von finanziellen Ressourcen weiter erschwert (Cieslik et al. 2010).

Es gibt mehrere Wege, um mit den finanziellen Herausforderungen umzugehen. Natürlich stehen auch für Internationalisierungsvorhaben Möglichkeiten der klassischen Start-up-Finanzierung mit Eigenkapital offen, zum Beispiel durch Business Angels oder Venture Capital-Unternehmen. Diese sind allerdings oft mit dem großen Nachteil des Kontroll- und Einflussverlustes verbunden. Als Alternative dazu kann die Markteintrittsstrategie schon von vornherein so gewählt werden, dass sie möglichst wenig Finanzierungsbedarf mit sich bringt. Dazu bieten sich zum Beispiel Lizensierungsmodelle oder eine Zusammenarbeit mit lokalen Distributionspartnern an, die weit weniger Kosten verursachen als der Aufbau eigener Produktions- oder Vertriebsstrukturen am Auslandsmarkt. Durch Joint Ventures mit lokalen Partnern lassen sich die Kosten und Risiken einer Auslandsinvestition teilen. Zu empfehlen ist auch eine Prüfung von Fördermöglichkeiten für die Internationalisierung, zum Beispiel in Form von öffentlich geförderten Exportkrediten oder Unterstützungsleistungen bei der Markterschließung.

**Management-Herausforderungen** In vielen Start-ups mangelt es an Managementkapazitäten und -fähigkeiten für die Planung und Umsetzung von Internationalisierungsprozessen (Cieslik et al. 2010; Luostarinen und Gabrielsson 2002). Auch ein Mangel an internationaler Erfahrung kann hier zu Schwierigkeiten führen (Cannone und Ughetto 2014). Damit verbunden sind Herausforderungen beim Aufbau von Beziehungen und einer guten Reputation im Auslandsmarkt. Zu Beginn eines Internationalisierungsprozesses gibt es oft noch wenig Vertrauen von potenziellen Kunden, Lieferanten, Geschäftspartnern oder öffentlichen Institutionen in das Management von neu gegründeten Unternehmen (Rennie 1993). Das kann auch das Anwerben von Mitarbeitern oder Vertriebspartnern in Zielmärkten erschweren (Moen 2002).

Um den Management-Herausforderungen zu begegnen, können Start-ups entweder erfahrene Führungskräfte einstellen (was sich diese allerdings gerade in der Gründungsphase und in der frühen Wachstumsphase oft nicht leisten können), rasch durch gezielte Lernprozesse die eigenen Managementfähigkeiten ausbauen oder mit Netzwerkpartnern kooperieren. Die Fähigkeit, effektiv zu lernen und sich an die Herausforderungen des Auslandsgeschäfts anzupassen, ist ein wesentlicher Erfolgsfaktor für die erfolgreiche Internationalisierung junger Unternehmen (Sapienza et al. 2006). Erleichtert werden kann dies durch Partnerschaften mit Unternehmen, die bereits entsprechende Auslandserfahrung haben oder im Zielmarkt ansässig sind. Der Aufbau eines Netzwerks von Partnern, die bei der Internationalisierung helfen können, ist daher eine vorrangige Aufgabe für Start-ups, die sich stärker auf Auslandsmärkten engagieren wollen.

**Know-how-Herausforderungen** Aufgrund mangelnder Ressourcen für Marktforschung und detaillierte Marktanalysen haben kleine und jüngere Unternehmen oft ein beschränktes Wissen über die Spezifika bestimmter Auslandsmärkte (Freeman et al. 2006; Lehmann und Schlange 2004). Das kann zu Problemen führen, wenn zum Beispiel der falsche Zielmarkt für eine bestimmte Produkt- oder Dienstleistungskategorie ausgewählt wird oder wenn bestimmte institutionelle Rahmenbedingungen (z. B. Normen, Gesetze, bürokratische Erfordernisse) sowie kulturelle oder geschäftliche Gepflogenheiten missachtet werden. In diesem Zusammenhang ist für Start-ups, die bei ihrer Internationalisierung stark auf das Medium Internet setzen, auch die „Virtualitätsfalle" zu erwähnen (Yamin und Sinkovics 2006). Damit wird die Gefahr beschrieben, sich nur auf die Erfahrungen zu verlassen, die man durch Online-Interaktionen mit Auslandskunden macht, ohne die Komplexität und die Spezifika eines Auslandsmarktes wirklich zu verstehen.

Neben einem mangelnden Marktverständnis gibt es bei Start-ups häufig auch Know-how-Lücken bei den Prozessen, die für die Abwicklung der Geschäftstätigkeit im Ausland wesentlich sind. Welche Schritte sind zum Beispiel beim Export von Gütern und Dienstleistungen in Nicht-EU-Länder zu berücksichtigen, welche Exportdokumente werden benötigt, welche Zahlungs- und Lieferbedingungen sollen vereinbart werden, welche Zolltarife finden Anwendung, was ist bei Exportverträgen zu beachten? Alle diese Fragen wollen beantwortet werden, wenn internationale Kunden beliefert werden sollen.

Beim Know-how-Aufbau, sowohl über bestimmte Zielmärkte als auch über die Anforderungen der Exportabwicklung, können Institutionen wie die deutschen Außenhandelskammern oder die Außenwirtschaft Austria der österreichischen Wirtschaftskammer unterstützen. Bei der operativen Exportabwicklung kann auch auf Dienstleister (wie z. B. Speditions- oder Paketdienstunternehmen) zurückgegriffen werden.

**Marketing-Herausforderungen** Viele Start-ups bauen ihr Geschäft auf ihren besonderen technologischen Fähigkeiten auf. Allerdings verkauft sich selbst die beste Technologie nicht von alleine. Es sind daher entsprechende Marketing- und Vertriebsfähigkeiten gefragt, um die richtigen Positionierungs-, Preis-, Distributions- und Kommunikationsentscheidungen treffen zu können. Start-ups stehen oft vor der Herausforderung, die entsprechenden Fähigkeiten erst entwickeln zu müssen (Luostarinen und Gabrielsson 2002). Dabei geht es vor allem um mögliche notwendige Anpassungen an die spezifischen Anforderungen verschiedener Zielmärkte (z. B. hinsichtlich Sprache, Werbemedien, Produkt- und Dienstleistungsangebot, Lieferarten oder Zahlungsmethoden). Weitere Herausforderungen können in der Kooperation mit Handelsmittlern und in der interkulturellen Kommunikation entstehen (Lehmann und Schlange 2004).

Aufgrund der knappen Ressourcen, die Start-ups zur Verfügung stehen, kann es sich für junge Unternehmen gerade auch in den Bereichen Vertrieb und Marketing lohnen, Partnerschaften einzugehen. Dafür bieten sich zum Beispiel vertragliche Vereinbarungen mit lokalen Vertriebs- oder Lizenzpartnern an. Günstige Marketingmöglichkeiten bietet aber auch das Internet. So können zum Beispiel Inhalte, die für potenzielle Kunden interessant sind, auf der Unternehmenswebsite zu Kontaktanfragen anregen; durch Maßnahmen der Suchmaschinenoptimierung kann die Website besser gefunden werden; über die Nutzung von E-Mail-Marketing lassen sich Werbebotschaften optimieren; und Social-Media-Plattformen können für die Entwicklung von Online-Communities genutzt werden (Eixelsberger et al. 2016).

# Voraussetzungen für die erfolgreiche Internationalisierung von Start-ups

3

Um die in Kap. 2 beschriebenen Herausforderungen der Internationalisierung zu bewältigen, benötigen Start-ups bestimmte Wettbewerbsvorteile gegenüber lokalen Anbietern. Diese liegen meist in besonderen Ressourcen oder Fähigkeiten begründet, auf die ein Start-up-Unternehmen Zugriff hat. Um einen Vorteil auf internationalen Märkten zu erzielen, sind diese idealerweise wertschaffend, vergleichsweise selten, von anderen schwierig zu imitieren und schwer substituierbar (Barney 1991, 2001). Dieses Kapitel beschäftigt sich zunächst mit den wesentlichen Ressourcen, die ein Start-up-Unternehmen für seine Internationalisierungstätigkeit benötigt und anschließend mit speziellen Fähigkeiten, die in diesem Zusammenhang besonders relevant sind. Schließlich wird noch erörtert, wie Ressourcen und Fähigkeiten im Zusammenspiel den Internationalisierungserfolg fördern können.

## 3.1 Ressourcenerfordernisse für die Start-up-Internationalisierung

**Ressourcen** sind materielle oder immaterielle Güter, auf die ein Unternehmen Zugriff hat, um Leistungen zu erstellen und damit Einkünfte zu generieren (Danneels 2008). In der einschlägigen Fachliteratur werden folgende Ressourcenkategorien als besonders wichtig für die Internationalisierung von Start-ups gesehen (Beleska-Spasova et al. 2012; Hitt et al. 2006; Sternad et al. 2013; Westhead et al. 2001):

- Qualifizierte MitarbeiterInnen;
- Beziehungsressourcen;
- Finanzielle Ressourcen sowie
- Wissensressourcen (Produkt-, Markt-, Prozess-, und Technologiewissen).

© Springer Fachmedien Wiesbaden GmbH 2018
D. Sternad et al., *Internationalisierung von Start-ups*, essentials,
https://doi.org/10.1007/978-3-658-20405-1_3

Sowohl für die Leistungserstellung als auch für die einzelnen Aktivitäten im Rahmen eines Internationalisierungsvorhabens werden entsprechend **qualifizierte MitarbeiterInnen** benötigt. Sie stellen daher eine Schlüsselressource für Start-ups dar. Qualifikation entsteht dabei aus einer Kombination aus Vorbildung, Erfahrung, Wissen und Fähigkeiten der einzelnen MitarbeiterInnen (Kenny und Fahy 2011). Besonders hervorzuheben sind in diesem Zusammenhang auch die **Beziehungen** zu bestehenden oder potenziellen Partnern, welche die GründerInnen und MitarbeiterInnen des Start-ups mitbringen. Dabei ist nicht immer die Quantität sondern sehr oft vor allem die Qualität der Beziehungen ausschlaggebend. Typischerweise baut ein Start-up sein Geschäft über eine überschaubare Zahl von engen Beziehungen mit einigen wirklich wichtigen Partnern auf (Tolstoy und Agndal 2010).

Für jede Wachstumsentwicklung von Unternehmen – und das gilt insbesondere für Internationalisierungsinitiativen – werden **finanzielle Mittel** benötigt, die durch Eigenmittel, Business Angels, Venture Capital-Firmen oder strategische Investoren, Crowdfunding oder Förderungen lukriert werden können (unter Berücksichtigung aller Herausforderungen, die mit diesen Finanzierungsvarianten jeweils verbunden sind) (siehe dazu z. B. Hahn 2013). Start-ups haben dabei unter Umständen auch die Möglichkeit, auf spezielle Förderprogramme für GründerInnen zurückzugreifen. Zudem gibt es eigene Finanzierungsinstrumente für exportierende Unternehmen, zum Beispiel der gebundene Exportkredit mit Deckung einer (quasi-)staatlichen Exportversicherung (z. B. Euler Hermes Deutschland oder die Oesterreichische Kontrollbank AG) (Royer 2013).

Besondere Bedeutung für Start-ups haben **Wissensressourcen** (Beleska-Spasova et al. 2012; Spence und Crick 2009). Bei den meisten anderen Ressourcenkategorien gibt es Vorteile für größere und etablierte Unternehmen, was Start-ups oft nur durch einen Wissensvorsprung wettmachen können. Dabei ist zwischen produktbezogenem Wissen, Marktwissen, und Wissen über Produktentwicklungs-, Produktions-, Logistik- und Vertriebsprozesse zu unterscheiden. Eine herausragende Rolle spielt in Start-ups oft das technologische Wissen, welches in neue Produkte oder Dienstleistungen umgesetzt werden kann. Der Beherrschung einer innovativen Technologie in bestimmten Anwendungsfeldern verdanken viele Start-ups ihre Existenz. Häufig fehlt es an Marktwissen sowie an Wissen über Internationalisierungsprozesse, die für größere Unternehmen aufgrund ihrer besseren personellen und finanziellen Ressourcenausstattung meist einfacher zu erwerben sind. Hier können Start-ups allerdings auch auf öffentliche Unterstützungsstrukturen (z. B. durch die deutschen Außenhandelskammern oder die Außenwirtschaft Austria der Wirtschaftskammer Österreich mit ihren Außenhandelsstellen in allen Teilen der Welt), auf Kooperationen mit bereits erfolgreich im

Ausland tätigen Unternehmen oder auf im Auslandsgeschäft erfahrene Mentoren zurückgreifen.

## 3.2 Fähigkeiten für die erfolgreiche Internationalisierung von Start-ups

Während Ressourcen – wie bereits erwähnt – materielle und immaterielle Güter darstellen, auf die ein Unternehmen Zugriff hat, geht es bei **Fähigkeiten** darum, was das Unternehmen *kann*, also ob es dazu imstande ist, Ressourcen so miteinander zu verbinden, dass es bestimmte erwünschte Ergebnisse erzielen kann (Helfat und Peteraf 2003). Fähigkeiten können dazu genutzt werden, die Produktivität der Ressourcen eines Unternehmens zu steigern (Amit und Schoemaker 1993).

Die wesentlichen Fähigkeiten, die mit dem Export- und Internationalisierungserfolg von Unternehmen im Allgemeinen und von Start-ups im Speziellen verbunden werden, sind (Cavusgil und Knight 2015; Knight und Cavusgil 2004; Sternad et al. 2013; Weerawardena et al. 2007; Mathews et al. 2016):

- Produkt- und technologiebezogene Fähigkeiten;
- Networking-Fähigkeiten (insbesondere auch in einem interkulturellen Kontext);
- Marketing- und Vertriebsfähigkeiten sowie
- Fähigkeiten im Bereich Digital Business.

**Technologische Fähigkeiten** sind wichtig, um entsprechendes technologisches Wissen auch tatsächlich in marktreife Produkte umzusetzen und diese auch wirtschaftlich herstellen zu können. Um die Leistungen dann auf Auslandsmärkten anbieten und absetzen zu können, braucht es entsprechende Kontakte zu Kunden oder Vertriebspartnern. Diese Kontakte können besser hergestellt werden, wenn GründerInnen, MitarbeiterInnen oder Partner des Unternehmens gute **Networking-Fähigkeiten** haben, also in der Lage sind, produktive (Geschäfts-)Beziehungen aufzubauen und zu erhalten. Fähigkeiten in diesem Bereich können dabei helfen, Chancen auf internationalen Märkten zu identifizieren. In einem internationalen Kontext ist dabei vor allem die Fähigkeit, mit Menschen aus anderen Kulturen effektiv zu kommunizieren, von Bedeutung (Karra et al. 2008).

Damit ein Start-up seine Produkte und Dienstleistungen erfolgreich im Ausland verkaufen kann, sind neben der generellen Fähigkeit zur Entwicklung produktiver Beziehungen auch **Marketing- und Vertriebsfähigkeiten** gefragt. Start-ups müssen die richtigen Zielgruppen identifizieren, ihre Produkte auf deren Erfordernisse anpassen können, ihre Leistungen am Markt klar positionieren,

Kommunikations- und Werbemaßnahmen setzen sowie die richtigen Vertriebskanäle und Distributionspartner auswählen und steuern können. Oft sind diese Fähigkeiten bei neu gegründeten Unternehmen am Anfang noch nicht sehr ausgeprägt, insbesondere bei Start-ups, die stark technologiegetrieben sind. Markterfolg – vor allem auf Auslandsmärkten – ergibt sich nicht nur aus einem besonderen Leistungsangebot, sondern auch aus der Fähigkeit, dieses Angebot potenziellen Kunden bekannt zu machen und schlussendlich verkaufen zu können. Sollten diese Fähigkeiten im Gründerteam nicht vorhanden sein, könnte Abhilfe geschaffen werden, indem das Unternehmen (falls Ressourcen zur Verfügung stehen) entsprechend qualifizierte MitarbeiterInnen einstellt, Kooperationen mit im Marketing und Vertrieb erfahreneren Partnern eingeht oder eventuell sogar eine Erweiterung des Eigentümerteams um eine Person mit entsprechenden Qualifikationen anstrebt.

Viele Start-ups bieten ihre Leistungen über das Internet an (entweder, weil sie ohnehin Internet-basierte Leistungen verkaufen, oder weil sie das Internet als wesentlichen Marketing- und Vertriebskanal nutzen). Daher sind in Start-ups häufig **Fähigkeiten im Bereich Digital Business** gefordert. Das können einerseits technologische Kompetenzen im Online-Bereich, andererseits aber auch Online-Marketing-Fähigkeiten (z. B. in den Bereichen Suchmaschinenoptimierung, Suchmaschinenwerbung oder Social-Media-Marketing) sein (Reuber und Fischer 2011).

Neben den bereits erwähnten Kategorien von Fähigkeiten sind für ein in einem dynamischen Umfeld tätiges Unternehmen (wie dies sowohl generell bei Startups als auch insbesondere bei international tätigen Start-ups meist der Fall ist) vor allem auch **Lern- und Innovationsfähigkeiten** von besonderer Bedeutung. Man spricht hier auch von „dynamischen Fähigkeiten" (*engl.* „dynamic capabilities"), die ein Unternehmen befähigen, neue Ressourcen und Fähigkeiten zu erwerben bzw. bestehende Ressourcen und Fähigkeiten weiter auszubauen (Eisenhardt und Martin 2000; Teece et al. 1997). Eine wesentliche Rolle für erfolgreiche Auslandsinitiativen von Start-ups spielt dabei auch eine **Innovationskultur,** also eine grundlegend positive Einstellung aller Beteiligten zu Innovation, Veränderung und Weiterentwicklung (Knight und Cavusgil 2004).

## 3.3    Ressourcen und Fähigkeiten im Zusammenspiel

Ressourcen und Fähigkeiten können eine sich gegenseitig verstärkende Wirkung haben (siehe Abb. 3.1). Start-ups sollten daher ihre **Ressourcen dazu einsetzen, neue Fähigkeiten** zu entwickeln. Durch die Kombination von Wissen, Kapital und qualifizierten Arbeitskräften können zum Beispiel jene Marketing- und

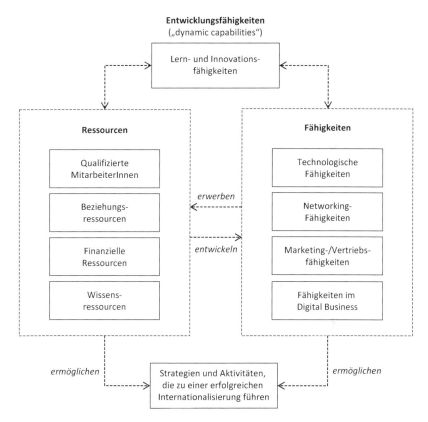

**Abb. 3.1** Ressourcen und Fähigkeiten als Voraussetzungen für eine erfolgreiche Internationalisierung von Start-ups. (Quelle: Autoren)

Distributionsfähigkeiten geschaffen werden, die für den Erfolg auf Auslandsmärkten notwendig sind. Beziehungsressourcen helfen Start-ups dabei, von anderen zu lernen (Hitt et al. 2006) und damit wiederum ihre Fähigkeiten für eine erfolgreiche Auslandtätigkeit stärken.

Andererseits sind bestimmte Fähigkeiten die Voraussetzung dafür, dass ein Start-up die für den Internationalisierungsprozess notwendigen Ressourcen erwerben kann. Zum Beispiel werden Beziehungsressourcen durch Networking-Fähigkeiten aufgebaut. Technologische Fähigkeiten können wiederum dabei helfen, einen Wissensvorsprung gegenüber anderen Anbietern am Markt zu schaffen.

Eine besondere Rolle nehmen hierbei wiederum Lern- und Innovationsfähigkeiten ein, die es ermöglichen, sowohl neue Fähigkeiten zu erlernen (oder bestehende Fähigkeiten weiterzuentwickeln) als auch die Ressourcenbasis stetig zu erweitern.

Eine intelligente **Kombination von Ressourcen und Fähigkeiten** ist die Voraussetzung dafür, um jene Strategien zu entwickeln und Aktivitäten zu setzen, die zu einer erfolgreichen Internationalisierung von Start-ups führen können. Im folgenden Kapitel wird erörtert, um welche Strategien und Aktivitäten es sich dabei handelt.

Um international erfolgreich tätig werden zu können, müssen Start-ups zunächst **Geschäftschancen** auf Auslandsmärkten erkennen und diese entsprechend nutzen (siehe Abb. 4.1). Junge Unternehmen haben, wie bereits erwähnt, meist begrenzte Ressourcen, zum Beispiel für Marktforschung oder für die Einstellung von MitarbeiterInnen für das Business Development. Trotzdem kann auch für Start-ups das Durchlaufen eines **systematischen Prozesses einer Zielmarktanalyse** Sinn machen, um wesentliche Geschäftschancen nicht zu übersehen. Es gibt verschiedene Möglichkeiten, Geschäftschancen zu generieren und zu evaluieren, wie in Abschn. 4.1 näher beleuchtet wird. In Abschn. 4.2 folgt eine Darstellung der wesentlichen Strategien und Aktivitäten für die tatsächliche Umsetzung des Auslandsgeschäfts.

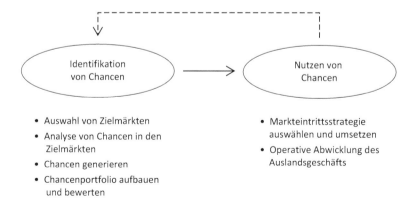

**Abb. 4.1** Chancen auf internationalen Märkten identifizieren und nutzen. (Quelle: Autoren)

© Springer Fachmedien Wiesbaden GmbH 2018                                    17
D. Sternad et al., *Internationalisierung von Start-ups,* essentials,
https://doi.org/10.1007/978-3-658-20405-1_4

## 4.1    Identifizieren von Chancen auf Auslandsmärkten

Oft entstehen Geschäftschancen für Start-ups zufällig. Ein Mitglied des Gründungsteams kennt jemanden, der wiederum potenzielle Kunden kennt, ein Investor bringt Kontakte in der Branche mit, oder es kommt eine Anfrage eines potenziellen Kunden aus dem Ausland, der auf der Website des Unternehmens interessante Informationen gefunden hat. Natürlich können solche „Zufallstreffer" auch zu Geschäftsabschlüssen führen. Eine systematischere Vorgangsweise kann allerdings die Chancen für eine erfolgreiche Internationalisierung erhöhen, vor allem auch für kleinere Unternehmen (Brouthers und Nakos 2005).

Dabei ist zunächst eine mit Daten und Fakten fundierte Auswahl zwischen verschiedenen Zielmärkten zu treffen (siehe Abb. 4.2). Ein vielversprechender Zielmarkt vereint ein hohes Nachfragepotenzial für das Leistungsangebot des Unternehmens mit geringem Risiko und Wettbewerbsvorteilen des eigenen Angebotes gegenüber der lokal tätigen Konkurrenz (Sternad 2013a, b). Das Marktpotenzial lässt sich zum Beispiel durch Gespräche mit im Land tätigen Experten (z. B. der deutschen Außenhandelskammern oder der österreichischen Außenwirtschafts-Center), durch Analyse von Importzahlen in der Branche oder durch Ableitungen aus vorhandenen Daten zu Faktoren, die einen Einfluss auf den

**Abb. 4.2** Der Prozess der systematischen Zielmarktauswahl. (Quelle: Autoren)

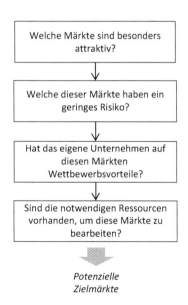

Absatz des eigenen Leistungsangebotes haben könnten (z. B. die Anzahl bzw. die Absatzwachstumsraten von Elektrofahrrädern im jeweiligen Land, wenn das Produkt des Unternehmens ein nachrüstbarer Elektroantrieb für Fahrräder ist), einschätzen.

Zu den wesentlichen **Risiken,** die im Auslandsgeschäft entstehen können, zählen neben den normalen Geschäftsrisiken insbesondere Marktzugangsbeschränkungen (Handelsschranken wie z. B. Zölle, Importquoten oder die Diskriminierung ausländischer Firmen im Zielmarkt), Wechselkursrisiken, Transportrisiken, möglicherweise erhöhte Kreditrisiken, Korruptionsrisiken, politisch-rechtliche Risiken oder aufwendige administrative Erfordernisse. Bei der Risikoeinschätzung können ebenfalls die Außenhandelsvertretungen des eigenen Landes oder aber auch auf Risikobewertung spezialisierte Agenturen und Institutionen helfen (z. B. der Länderrisiko-Index der OECD, die Korruptionseinschätzung des Corruption Perception Index von Transparency International oder die Daten über die Rahmenbedingungen für die Geschäftstätigkeit im Rahmen der „Doing Business"-Initiative der Weltbank).

Hat man Märkte mit hohem Potenzial und relativ geringem Risiko identifiziert, ist noch zu prüfen, ob man mit dem eigenen Angebot über **Wettbewerbsvorteile** gegenüber den lokalen Wettbewerbern verfügt bzw. ob das Unternehmen überhaupt die notwendigen **Ressourcen** hat (oder zumindest erwerben kann), um den Markt auch wirksam bearbeiten zu können (siehe dazu Kap. 3).

Während oder zumindest nach dem Durchlaufen des in Abb. 4.2 dargestellten Auswahlprozesses sollten auch noch folgende Fragen zur detaillierteren **Analyse von Chancen im jeweiligen Zielmarkt** klar beantwortet werden:

- Wie definieren wir genau unsere Zielgruppe im Zielmarkt?
- Gibt es Segmente des Zielmarktes (insbesondere auch geografisch), in denen wir starten sollten (z. B. weil dort das höchste Potenzial/das geringste Risiko gibt)?
- Welche Vertriebsstrukturen gibt es im Zielmarkt? Welche Vor- und Nachteile haben verschiedene Vertriebskanäle im jeweiligen Länderkontext?
- Werden Partner für eine Etablierung im jeweiligen Markt benötigt? Was erwarten wir uns von diesen Partnern?

Sind die interessantesten Zielmärkte identifiziert, kann ein Start-up-Unternehmen damit beginnen, verschiedene Aktivitäten zu setzen, um **Geschäftschancen in den Zielmärkten zu generieren.** Da Start-ups meist über keine großen Marketing- und Vertriebsetats verfügen, ist es notwendig, relativ kostengünstige Möglichkeiten der Kundengewinnung zu nutzen. Dazu zählen zum Beispiel:

- Der Besuch von Branchenmessen ohne eigenen Messestand (z. B. Präsentation des eigenen Leistungsangebotes auf einem geförderten Gemeinschaftsstand);
- Kundengewinnung über lokale Partner (z. B. Vertriebspartner oder Agenturen, die auf reiner Provisionsbasis arbeiten);
- Die Teilnahme an geförderten Wirtschaftsmissionen in die Zielmärkte;
- Eine Übersetzung der Website und von Werbematerialien in die Landessprache;
- Suchmaschinenmarketing (Buchen von Suchwörtern; Suchmaschinenoptimierung);
- E-Mail-Marketing (wobei hier ganz besonders auf die jeweiligen rechtlichen Rahmenbedingungen in den Zielmärkten zu achten ist);
- Social-Media-Marketing oder
- Content Marketing (das Anbieten von für die Zielgruppe nützlichen Informationen im Internet, um so die Aufmerksamkeit potenzieller Kunden auf die Kompetenz und die Leistungen des eigenen Unternehmens zu lenken).

In der Start-up-Szene hat sich auch der Begriff des „**Growth Hacking**" verbreitet. Dabei geht es um den Einsatz von Online-Marketing-Maßnahmen, die möglichst wenig kosten, um Neukunden zu gewinnen und die Kundenbindung zu forcieren (siehe dazu auch Abschn. 7.2).

## 4.2    Nutzen von Chancen auf Auslandsmärkten

Es gibt verschiedene Möglichkeiten für Start-ups, Chancen auf Auslandsmärkten zu nutzen. Die wichtigsten Strategien zur Marktbearbeitung (auch unter dem Begriff „**Markteintrittsstrategien**" bekannt) sind Export, Direktinvestition und Lizenzierung. Im Rahmen eines **Exportgeschäftes** werden Waren oder Dienstleistung grenzüberschreitend verkauft. Dabei können Start-ups entweder selbst den Geschäftskontakt zu Kunden in Auslandsmärkten halten oder über Vertriebspartner im Ausland tätig sein. **Direktinvestition** bedeutet, dass Anteile an einem Tochterunternehmen im Zielmarkt gehalten werden (entweder alleine oder gemeinsam mit Joint Venture-Partnern). Im Rahmen einer **Lizenzierungsvereinbarung** vergibt das Unternehmen (Lizenzgeber) an Lizenznehmer im Ausland die Nutzungsrechte an immateriellen Wirtschaftsgütern, wie zum Beispiel von Patenten, Marken, urheberrechtlich geschützten Inhalten oder technologischem Know-how.

Eine pragmatische Vorgangsweise für die **Auswahl der passenden Markteintrittsstrategie** kann sich zum Beispiel an folgenden fünf Fragen orientieren (Sternad 2013c):

1. *Welche Markteintrittsstrategien kommen generell infrage?* (Hohe Transport-
   kosten oder Handelsschranken wie hohe Zölle oder Importverbote könnten
   z. B. den Export hindern oder unrentabel machen; manche Leistungen können
   aufgrund ihrer Komplexität nur lokal angeboten werden; das Unternehmen
   könnte grundsätzliche Vorbehalte gegenüber dem Risiko eines Know-how-
   Verlustes im Rahmen einer Lizenzierung haben).
2. *Welche Ressourcen stehen für den Markteintritt zur Verfügung?* (Direktinves-
   titionen und direkter, vom Start-up selbst abgewickelter Export an Auslandskunden benötigen meist höhere Investitionen als Lizenzvereinbarungen oder
   der Export über Vertriebspartner im Zielmarkt).
3. *Wie hoch sind die Risiken am Zielmarkt?* (Eine Lizenzierung oder indirekter
   Export über Partnerfirmen im Inland können bei hohen Risiken am Zielmarkt –
   z. B. bei Währungsrisiken oder politischen Risiken – risikoärmere Varianten des
   Markteintritts darstellen).
4. *Wie hoch sind die Gewinnpotenziale der einzelnen Markteintrittsstrategien?*
   (Unter Berücksichtigung der Erlöspotenziale und Mehrkosten – z. B. Trans-
   portkosten, Zölle und Abgaben, Kosten der Exportabwicklung, laufende Kosten einer Direktinvestition etc.).
5. *Wie viel Kontrolle soll über das Auslandsgeschäft ausgeübt werden?* (Bei der
   Lizenzierung und beim indirekten Export über Dritte gibt man Kontroll- und
   Steuerungsmöglichkeiten ab, während diese bei direktem Export und Direktinvestition weitgehend erhalten bleiben).

Aufgrund der beschränkten Ressourcenausstattung nutzen Start-ups sehr oft
**kollaborative Strategien,** um sich auf Auslandsmärkten zu etablieren. Sie können mit lokalen Distributionspartnern zusammenarbeiten, mit Netzwerkpartnern
gemeinsam einen Markt bearbeiten oder an der Seite global tätiger Kunden ins
Ausland expandieren. Wichtig ist dabei vor allem auch, dass das Start-up **Legiti-
mität** gewinnt, zum Beispiel durch prestigeträchtige Referenzkunden oder durch
die Unterstützung von erfahrenen Mentoren oder Beratern (Bailetti 2012).
    Die Wahl der Markteintrittsstrategie kann sich je nach Zielmarkt (und des-
sen Potenzial bzw. Risiko) unterscheiden. Fällt die Wahl auf den **Export,** muss
den Start-up-UnternehmerInnen bewusst sein, dass mit der Exportabwicklung
viel operative Arbeit verbunden ist. Unterschieden werden grundsätzlich **inner-
gemeinschaftliche Lieferungen** (zwischen EU-Mitgliedsstaaten) von einer **Aus-
fuhr in Drittländer** (Nicht-EU-Länder), wobei dabei im Exportprozess jeweils
unterschiedliche Schritte durchlaufen werden müssen (Höfferer et al. 2014). Die
ersten Schritte sind dabei für den Export sowohl innerhalb als auch außerhalb der
EU ähnlich ausgestaltet:

- Prüfen von **Sonderbestimmungen** (EU-Länder) bzw. **Einfuhrbestimmungen** (Nicht-EU-Länder).
- **Preiskalkulation** und **Angebotserstellung** (Hier sind Logistikkosten sowie mit dem Zoll verbundene Kosten sowie eventuell anfallende Steuern zu berücksichtigen).
- Aufsetzen eines **Exportvertrages** (Eine professionelle Rechtsberatung wird empfohlen. Hier werden zudem Währung und Zuständigkeit der Exportabwicklung festgelegt).

Für den Export von Gütern in EU-Länder sieht der weitere Prozess in Folge eine **umsatzsteuerrechtliche Prüfung** vor (unter bestimmten Voraussetzungen ist eine umsatzsteuerfreie Lieferung möglich), das Erfüllen von **Meldepflichten** (Steuer-sowie Intrastat-Meldung) sowie eine **Lieferantenerklärung** (mit Angaben über die Ursprungseigenschaft der Ware). Beim Export in Nicht-EU-Länder ist der weitere Verlauf etwas anders ausgestaltet, wobei immer auf die **Vollständigkeit der Exportdokumente** zu achten ist. Nach einer einmaligen Registrierung als am Außenhandel Beteiligter erhält das exportierende Unternehmen eine EORI-Nummer. Danach wird das **Ausfuhrverfahren** in zwei Schritten abgewickelt: der Ausfuhranmeldung und der Ausfuhrbestätigung. **Zollhöhe** und **Zolltarif** für das jeweilige Zielland werden anschließend abhängig von der jeweiligen Warenkategorie bestimmt. Auch muss der **Ursprung der Ware** nachgewiesen werden, und zwar abhängig vom konkreten Fall entweder mittels Ursprungszeugnis, Ursprungserklärung auf der Rechnung oder der Warenverkehrsbescheinigung EUR 1. Schließlich erfolgt das Abführen von **Umsatz- und Verbrauchssteuern** bzw. die Prüfung entsprechender steuerlicher Regelungen. Unter bestimmten Voraussetzungen ist auch hier eine umsatzsteuerfreie Lieferung möglich (Höfferer et al. 2014).

Diese stark verkürzte Darstellung über die wesentlichen Schritte bei der Abwicklung von Exportgeschäften zwischen EU-Ländern bzw. zwischen einem EU-Land und einem Drittland zeigt bereits, dass für ein erfolgreiches Exportgeschäft sowohl Exportabwicklungs-Know-how als auch entsprechende personelle Ressourcen benötigt werden. Start-ups können hier aber auch Unterstützung bekommen, und zwar einerseits von Speditionen und Paketdienstleistern, die entsprechende Dienstleistungen rund um den Export anbieten, und andererseits auch von spezialisierten Außenhändlern oder in Form von Beratungsleistungen der deutschen Außenhandelskammern oder der Außenwirtschaft Austria. Vorsicht ist aber auch bei einer Zusammenarbeit mit Logistikdienstleistern geboten: Auch hier können Sonderbestimmungen übersehen werden, weshalb es sich im Besonderen bei hochtechnologischen Produkten empfiehlt, zusätzlichen Expertenrat einzuholen.

In den deutschsprachigen Ländern gibt es auch eine Vielzahl von **Exportför-derungsmöglichkeiten** für internationalisierungswillige Unternehmen, z. B. in Form von direkten Zuschüssen für Marketingmaßnahmen im Ausland, geförderten Exportkrediten oder Exportrisikogarantien. Schließlich sei an dieser Stelle noch darauf verwiesen, dass sich der hier beschriebene Prozess auf den Export von Gütern bezieht. Im Rahmen des Dienstleistungsexports sind andere rechtliche Regelungen zu berücksichtigen, wie zum Beispiel arbeitsrechtliche oder steuerrechtliche Vorgaben.

Eine weitere wesentliche Frage beim Auslandsgeschäft von Start-ups ist jene nach der **Form der Zahlungsabwicklung.** Beim Geschäft über das Internet sind kreditkartenbasierte Zahlungsverfahren, digitale Bezahlsysteme (z. B. *PayPal*) oder Bankeinzugs- und Direktüberweisungssysteme weit verbreitet. Sogenannte „**Payment Service Provider**" bieten umfassende technische und organisatorische Dienstleistungen in diesem Bereich an (Eixelsberger et al. 2016). Bei umfangreicheren Geschäften im B2B-Bereich sind auch ein **Dokumentenakkreditiv** (*engl.* documentary letter of credit oder L/C) oder ein **Dokumenteninkasso** (*engl.* documentary collection) als mögliche Alternativen in Betracht zu ziehen. Bei diesen Zahlungsarrangements wird das Risiko zwischen den Vertragsparteien aufgeteilt. In beiden Fällen werden sowohl die Bank des Exporteurs als auch die Bank des Importeurs in die Zahlungsabwicklung mit eingebunden (Lenger und Novak 2013).

# Die Rolle des Gründerteams für die Start-up-Internationalisierung 5

Für eine erfolgreiche Internationalisierung von Start-ups spielen sowohl personenunabhängige als auch personenabhängige Einflussfaktoren eine Rolle. Die **personenunabhängigen Faktoren** betreffen zum Beispiel die Möglichkeiten, welche ein innovatives Produkt- und Leistungsangebot, das Geschäftsmodell im weiteren Sinne, oder auch finanzielle Ressourcen bieten. Die **personenbezogenen Faktoren,** welche in diesem Abschnitt näher beleuchtet werden, lassen sich in folgende Kategorien einteilen:

- Einstellungen und „Mindset";
- Strategische Ziele sowie
- Fähigkeiten und Erfahrungen.

Weiterhin ist noch zu berücksichtigen, ob das Start-up von einer Person oder von einem Team entwickelt und geführt wird, und ob neben den GründerInnen noch weitere Managementressourcen im Unternehmen verfügbar sind.

Die **Gründerperson** bzw. das **Gründerteam** ist der Dreh- und Angelpunkt für die internationale Geschäftstätigkeit von Start-ups (Cannone und Ughetto 2014; Evangelista 2005; Laanti et al. 2007; Rialp et al. 2005). Sie treffen die relevanten Entscheidungen, bringen die erforderlichen Fähigkeiten und Ressourcen ein, und tragen letztendlich die Verantwortung für den Erfolg des Unternehmens. Sowohl Entscheidungskompetenz als auch die Verantwortung liegen in Start-ups in den meisten Fällen bei den UnternehmensgründerInnen. In Einzelfällen werden allerdings spezifische Fähigkeiten und Erfahrungswissen in Form von Managementkompetenz zugekauft. In diesem Fall ist eine enge Vertrauensbasis wie auch eine regelmäßige und gute Abstimmung zwischen Management und Eigentümern erforderlich.

© Springer Fachmedien Wiesbaden GmbH 2018
D. Sternad et al., *Internationalisierung von Start-ups, essentials*,
https://doi.org/10.1007/978-3-658-20405-1_5

## 5.1  Die personenbezogenen Voraussetzungen für eine erfolgreiche Internationalisierung

**Einstellungen und „Mindset"** In der Literatur findet man unterschiedliche Ansätze zur Beschreibung und Klassifizierung von Start-up-Unternehmern, die ihre Unternehmen von Beginn an stark auf internationale Märkte hin ausrichten (sogenannte „born global entrepreneurs"). Andersson und Evangelista (2006) unterscheiden zwischen international erfahrenen GründerInnen, die bereits über mehrere Jahre in internationalen Unternehmen tätig waren, und jüngeren, noch eher unerfahrenen GründerInnen. Während erfahrene MitarbeiterInnen aus Konzernunternehmen durch die Gründung eines Start-ups oft die Chance nutzen, Ideen umzusetzen, die in den „Bürokratiemühlen" von Konzernstrukturen untergehen, sind junge und noch weniger erfahrene GründerInnen meist eifrig und entschlossen, ihre ganz neuen Geschäftsideen zu realisieren. Was jedoch beide Gründertypen miteinander verbindet ist ein „global mindset". Das bedeutet, dass alle Aktivitäten im Unternehmen in einem internationalen Kontext betrachtet und bearbeitet werden.

Unter dem Begriff der „international entrepreneurship orientation" (Wach 2015) werden auch noch folgende spezifische Persönlichkeitsmerkmale von „born global entrepreneurs" genannt:

- proaktives Handeln und Aufspüren von unternehmerischen Möglichkeiten;
- innovatives Agieren sowie
- Risikobereitschaft.

Für eine nachhaltige Entwicklung des Unternehmens ist neben diesen Charakteristika zudem betriebswirtschaftliche Kompetenz gefragt, um beispielsweise Risiken, die aus der internationalen Geschäftstätigkeit entstehen, aktiv managen zu können.

**Strategische Ziele** Neben dem entsprechenden „Mindset" des Gründerteams ist für eine erfolgreiche internationale Geschäftstätigkeit auch eine klare Formulierung der strategischen Ziele für das Start-up von Bedeutung. Für die Entwicklung von strategischen Zielen wird üblicherweise folgende Vorgehensweise gewählt:

1. Analyse der Ausgangssituation
2. Ausarbeitung von konkreten strategischen Optionen und Zielen

3. Bewertung der Optionen
4. Entscheidung und Konkretisierung der strategischen Ziele und Leitlinien
5. Anstoß von konkreten Initiativen und Aktivitäten zur Erreichung der strategischen Ziele

Eine klar formulierte Strategie gibt einen Rahmen für die mittel- bis langfristige Entwicklung des Unternehmens vor. Erfahrungsgemäß ist ein „global mindset" die Voraussetzung für die Formulierung konkreter Internationalisierungsziele und -strategien in Start-up-Unternehmen. Gerade Unternehmen mit einem kleinen Heimatmarkt legen oft von Beginn an den Fokus auf den internationalen Markt. Ihr „global mindset" wird dadurch gefördert, dass es keinen relevanten lokalen Markt für innovative und wachstumsorientierte Unternehmen gibt.

**Fähigkeiten und Erfahrungen** Entrepreneure benötigen für eine erfolgreiche Umsetzung ihrer jeweiligen Unternehmensidee vielfältige Kompetenzen und Fähigkeiten. Nach einer qualitativen Studie von Andersson und Evangelista (2006) lassen sich Gründerpersonen schwerpunktmäßig als entweder technik- oder marketingorientiert einordnen, obwohl sie durchaus Interessen und Fähigkeiten in beiden Bereichen haben können.

GründerInnen von Start-ups, die von Anfang an stark auf den internationalen Markt hin ausgerichtet sind, zeichnen sich meist durch hohes Bildungsniveau, junges Alter und Fremdsprachenkompetenz aus (Cannone und Ughetto 2014). Junge GründerInnen haben zwar kaum Geschäftserfahrung und unternehmerische „Praxisluft geschnuppert", jedoch können Sie diesen Nachteil meist durch hohe Flexibilität und Einsatzbereitschaft ausgleichen (Laanti et al. 2007). Aus einschlägigen Studien geht hervor, dass die Fremdsprachenkompetenz für die Entscheidung zugunsten einer frühzeitigen Internationalisierung einen großen Einfluss hat.

Wesentlich für die Entwicklung eines Start-ups sind außerdem die bestehenden Netzwerke und Kontakte sowie die Fähigkeit der GründerInnen, neue Kontakte aufzubauen. Der Aufbau funktionierender Beziehungen und Netzwerke erfordert ein hohes Maß an Vertrauen und Engagement. Die Beziehungen und Netzwerke sind dabei in erster Linie an Personen und nicht an Institutionen oder Firmen gebunden (Sasi und Arenius 2008). Weiterhin konnten Sasi und Ardenius (2008) in ihrer Studie nachweisen, dass nur jene Firmen, die den Übergang von dyadischen Beziehungen zu multilateralen Netzwerkbeziehungen geschafft haben, auch ein bedeutendes internationales Wachstum erzielen konnten.

Das Wissen und die Erfahrungen eines Unternehmers sind oft an seine Person gebunden und können daher nur schwer transferiert werden. Die Erfahrungen im internationalen Geschäft stammen dabei entweder aus einer beruflichen

Vergangenheit im internationalen Umfeld oder aus einer internationalen Ausbildung. Nordman und Melen (2008) haben herausgefunden, dass Unternehmen, in denen es bereits internationale Erfahrung gibt, ihre Internationalisierungsstrategien strukturiert planen, während Firmen, die diese Art von Erfahrung noch nicht haben, eher unstrukturiert an das Internationalisierungsvorhaben herangehen. Weiterhin kann man beobachten, dass bei fehlender Erfahrung in Bezug auf Internationalisierung die Auswahl der Märkte eher auf Basis von Beziehungen und Netzwerken als auf einer objektiven Einschätzung von Marktpotenzialen erfolgt.

## 5.2 Die Rolle des Gründerteams im Rahmen der Internationalisierung

Die Bedeutung des Gründerteams wie auch die Anforderungen an GründerInnen im Rahmen der Internationalisierung wurden bereits angeführt, wobei sich die Rolle des Gründerteams über den Lebenszyklus des Unternehmens hinweg verändern kann. Für die Start-up Phase, welche üblicherweise fünf bis sieben Jahre umfasst, kann ein Rollenbild für GründerInnen bzw. Gründerteams skizziert werden.

GründerInnen sind **Pioniere,** die ihre eigenen Ideen umsetzen und in intensiver Interaktion mit den Zielkunden ihr Leistungsangebot weiterentwickeln, dieses am Markt anbieten und somit Umsätze erzielen. Speziell bei Technologie-Start-ups liegt die Kompetenz meistens im technischen Bereich, während die Markt-Kompetenz über ein „Learning by doing" aufgebaut wird. Dabei geht es neben Prozess- und Methodenkompetenz vor allem um die Entwicklung eines entsprechenden „Mindsets", das den Kunden mit seinen Bedürfnissen und Nutzenerwartungen ins Zentrum aller unternehmerischen Entscheidungen und Handlungen setzt.

Diese Pionierleistung ist bei der internationalen Marktentwicklung wieder von den GründerInnen gefordert. Dabei kommen neben allgemeinen Marktanforderungen noch spezifische Rahmenbedingungen, wie zum Beispiel unterschiedliche lokale Gesetzeslagen oder spezielle kulturelle Anforderungen dazu. Wie bereits angeführt, sind dabei starke Netzwerke und vertrauensvolle Partnerschaften wesentliche Erfolgsfaktoren. Diese zu entwickeln und zu etablieren erfordert wieder eine Pionierrolle der Entrepreneure, auch wenn in weiterer Folge zusätzliche Vertriebs- und Managementkompetenzen dafür benötigt werden.

Die weltweite Vernetzung durch das Internet bietet Start-ups die Möglichkeit, ihre Produkte und Services auf einem globalen Marktplatz anzubieten. Eine wesentliche Voraussetzung dafür ist eine auf die Bedürfnisse internationaler Kunden ausgerichtete **Website** (siehe Abschn. 6.1). Besondere Chancen ergeben sich auch durch die intelligente Nutzung von **Social-Media-Plattformen** (Abschn. 6.2) sowie durch Möglichkeiten, die das **Cloud-Computing** für Unternehmen eröffnet (Abschn. 6.3).

## 6.1 Internationale und mehrsprachige Webseiten

Sehr häufig ist die Webseite des Unternehmens der erste Berührungspunkt mit potenziellen Kunden bzw. Partnern und sollte daher – im internationalen Kontext gesehen – entsprechend ausgerichtet sein. Die häufigsten **Anpassungen der Webseite im Rahmen der Internationalisierung** des Unternehmens betreffen die Sprache, die Domain, die allgemeinen Geschäftsbedingungen (AGB), die Zahlungsverfahren, die Produktbeschreibungen und Preisangaben sowie das Impressum.

Wesentlich in diesem Zusammenhang ist die Übersetzung der Inhaltstexte in die jeweilige Landessprache. Man unterscheidet hier auch zwischen einer **mehrsprachigen** und einer **internationalen Webseite**. Eine mehrsprachige Seite stellt Inhalte in zumindest zwei Sprachen zur Verfügung, während sich eine internationale Webseite mit entsprechend aufbereiteten Inhalten an Nutzer in verschiedenen Ländern richtet. Für eventuell notwendige länderspezifische Präsentationen der Webseiten können eigene **nationale Top-Level-Domains** (z. B. firma.de für Deutschland, firma.fr für Frankreich) verwendet werden. Die Registrierung der

© Springer Fachmedien Wiesbaden GmbH 2018
D. Sternad et al., *Internationalisierung von Start-ups*, essentials,
https://doi.org/10.1007/978-3-658-20405-1_6

Domainnamen erfolgt über die sogenannten **Domain Name-Registrare,** welche ihrerseits von der Internet-Dachorganisation ICANN akkreditiert sind. Die Methode der länderspezifischen Domains ist zwar die kostspieligste, ermöglicht aber die eindeutige Ausrichtung von Webinhalten auf unterschiedliche Regionen. Auch Suchmaschinen bevorzugen Domains, welche die Top-Level-Domain desjenigen Landes aufweisen, aus dem die Anfrage kommt.

Um den User einer mehrsprachigen Webseite automatisch die entsprechende Sprachversion des Contents (z. B. für Nutzer aus dem deutschsprachigen Raum die deutsche Version, für alle anderen Nutzer die englische Version) anbieten zu können, wird die Methode der **Lokalisierung** angewendet. Dabei wird zunächst die Lokalität des Users identifiziert und anschließend für den Zeitraum der User Session die entsprechende Sprachversion (wird über eine eigene Logik gesteuert) vom Internet Server an den Client via Internet übermittelt. Die jeweilige Sprachversion sollte unter einer eigenen URL-Adresse, welche das **IANA-Sprachkürzel** (z. B. „de" für Deutschland) beinhaltet (z. B. http://beispiel.com/de/inhalt_x), verfügbar und mit den anderen Sprachversionen verlinkt sein. Die Lokalisierung des Internetnutzers kann dabei über folgende Methoden erfolgen (Kreutzer 2016):

- **Geo-Targeting** anhand von Nutzereingaben (der Nutzer selbst gibt die Standortdaten ein bzw. wählt die Sprach- oder Länderversion aus);
- **IP-Targeting** (Lokalisierung über die IP Adresse des Nutzers);
- **GPS-Targeting** (Lokalisierung über Smartphone-App und GPS; erfordert die Zustimmung des Nutzers);
- **Standortfreigabe im Webbrowser** (die HTML 5 Geolocation-API ermöglicht es, nach Zustimmung durch den Nutzer Standortdaten aus dem Betriebssystem des Nutzers zu sammeln und der Anwendung zu übergeben).

Wurde der User erfolgreich lokalisiert, ist auf die entsprechende **Anzeige des für die Zielgruppe im jeweiligen Auslandsmarkt relevanten Contents** zu achten. Dazu müssen die Texte, Bilder, Symbole und Farben für verschiedene Sprachen und Kulturkreise unterschiedlich aufbereitet werden. So steht z. B. in Europa die Farbe Weiß für Reinheit, in China und Japan hingegen für Trauer und Tod. Dabei sind auch die unterschiedlichen Datums-, Uhrzeit-, Zahlen- und Adressformate bzw. Maßeinheiten zu beachten. Beim Webdesign ist außerdem zu berücksichtigen, dass die Darstellung verschiedener Sprachversionen bis zu 30 % abweichenden Platzbedarf benötigt.

In den **AGB** ist festzulegen, welche Rechtsordnung bei Verträgen mit ausländischen Kunden zum Tragen kommt. Wird dies unterlassen, unterliegen die Verträge üblicherweise der Rechtsordnung jenes Landes, in dem die Verbraucher ihren

Wohnsitz haben. Mit einer expliziten Festlegung auf das Recht des Landes, in dem das Start-up seinen Sitz hat, können UnternehmerInnen jedoch nicht eventuell vorhandene höhere Verbraucherschutzstandards anderer Länder aushebeln. Umgekehrt kann es aber unter Umständen sinnvoll sein, die eventuell niederen Standards anderer Länder in den AGB für Kunden aus dem jeweiligen Land zu vereinbaren. Das **Impressum** ist um die im jeweiligen Land erforderlichen Angaben zu ergänzen. Zudem sind eventuelle **Zeitverschiebungen** bei der Erreichbarkeit von Hotlines und Call Centern zu berücksichtigen. Auch die **Zahlungsverfahren im Online-Shop** sollten im Rahmen der Internationalisierung angepasst werden. Besonders gut eignen sich dabei international akzeptierte Zahlungsverfahren wie Kreditkarte, PayPal oder Vorauskasse. Wenig geeignet für das internationale Geschäft sind hingegen die Lastschrift und die klassische Rechnung. Unterschiedliche Zahlungsgewohnheiten bei der Bezahlung von Rechnungen in den jeweiligen Ländern lassen diese beiden Zahlungsverfahren (auch im B2B-Umfeld) für den Lieferanten wenig attraktiv erscheinen. Die Preise sollten zudem in der jeweiligen Landeswährung angegeben sein. Dabei müssen auch die entsprechenden Steuern, Zölle und sonstigen Abgaben berücksichtigt werden (Eixelsberger et al. 2016).

## 6.2  Internationales Netzwerken mit Social Media

Mit dem Aufkommen der sozialen Medien wurde das **Social Networking** mit Interessenten, Kunden und Partnern für Start-up-Unternehmen zu einem wichtigen Instrument, zum Beispiel um auf Auslandsmärkten potenzielle Partner zu suchen oder bestehende Kundenbeziehungen zu festigen.

Berufliche Online-Netzwerke, wie zum Beispiel die international weit verbreitete Plattform LinkedIn, verfügen über umfangreichen und hochwertigen Content, der durch ihre Mitglieder erzeugt wird. Unter den **High-Level Networkern** (HLN), welche sich durch besonders aussagekräftige und umfangreiche persönliche Profile sowie eine Vielzahl von Aktivitäten und Verbindungen hervorheben, finden sich zahlreiche und insbesondere auch für Start-ups relevante Meinungsbildner und Entscheidungsträger (Hall 2011).

Bei der Suche nach internationalen Marktchancen ist es sinnvoll, die Suchseiten der sozialen Medien sowie relevante Diskussionsgruppen bzw. -foren miteinzubeziehen. Ziel dabei ist, die relevante Zielgruppe zu identifizieren und mit dieser in einen interaktiven Dialog zu treten. Eine andere Möglichkeit wäre es, die sozialen Medien der Mitbewerber nach Posts zu durchsuchen und dabei jene Personen und Gruppen mit der größten Useraktivität für die Definition der eigenen Zielgruppe auszuwählen.

**Web Blogs** bieten eine weitere Möglichkeit, mit den HLN in Kontakt zu treten. Verfügt das Start-up-Unternehmen über einen eigenen Blog, besteht darüber
hinaus die Möglichkeit, Inhalte mit anderen relevanten Blogs zu teilen und damit
auch deren Markt, Followers und Fans zu erreichen.

Um bestehende Kundenbeziehungen zu stärken eignen sich auch die sogenannten **Fan Pages** (z. B. auf Facebook). Gelingt es damit, enthusiastische Fans
zu gewinnen, kann dies zu spontanen Onlineaktivitäten auf der Seite und zu Wei-
terempfehlungen seitens der Fans führen. Ein Monitoring der Fanaktivitäten in
Kombination mit einer demografischen Analyse der Userdaten ermöglicht die
Auswahl weiterer Zielmärkte und -gruppen (z. B. mittels der Facebook Insights-
Analyse).

## 6.3    Cloud Computing

Start-ups können auch **Cloud-Technologien** nutzen, die geografisch (weltweit) verteilten Nutzern die Möglichkeit zur mobilen Zusammenarbeit in einem
gemeinsamen Workspace bietet. Das Cloud Computing stellt dabei gemeinsam
nutzbare und flexibel skalierbare IT-Leistungen durch nicht fest zugeordnete IT-
Ressourcen über das Internet zur Verfügung. Die Bereitstellung erfolgt in Echtzeit
und die Kostenabrechnung wird auf Basis der tatsächlichen Nutzung erstellt. Für
Start-ups können sich mit virtuellen Bürolösungen unter der Nutzung von Cloud-
Technologien gegenüber einem „Brick-and-Mortar-Office" mit lokaler IT-Hard-
und Softwareausstattung enorme Ersparnisse ergeben. Gleichzeitig erhöht die
nahezu unbegrenzte **Skalierbarkeit** der bezogenen Leistung die Flexibilität für
das Unternehmen bei der Internationalisierung. Dies kann auch zu einer erhöhten
Agilität im Gründungsprozess führen. Darüber hinaus bieten Cloud-Technologien
Möglichkeiten für die Backend-Integration von Internet-of-Things(IOT)-Anwen-
dungen und den Datenaustausch mit Sensoren, Embedded Systems (Computer,
welche in einer technischen Umgebung eingebettet sind) und mobilen Applikationen. Cloud Computing reduziert zudem den Aufwand bei der Implementierung
von organisatorischen IKT-Strukturen im Unternehmen und ermöglicht es dem
Start-up, schneller von der Design- in die Umsetzungsphase zu gelangen.

Bei der Entwicklung einer Cloud-Strategie von Internet-Start-ups kann entweder eine Top-down-Methode oder eine Bottom-up-Methode eingesetzt werden.
Bei der sogenannten **Top-down-Methode** werden zunächst die Vorteile und Möglichkeiten des Cloud Computing analysiert und davon neue Anwendungen für
das Start-up („Business Use Cases") abgeleitet. Diese „Use Cases" werden erst

durch die Cloud-Technologie ermöglicht – die Technologie fungiert dabei also als Business-Enabler. Die Anwendung dieses Ansatzes kann das Unternehmen auch zu disruptiven Ideen und Geschäftsmodellen führen. Im Unterschied dazu werden bei der **Bottom-up**-Cloud-Strategie die bestehenden Anwendungen („Use Cases") des Unternehmens in die Cloud portiert (Mahmood und Hill 2011).

Fachlich hat sich im Cloud Computing eine Einteilung nach den möglichen beziehbaren Serviceleistungen (vgl. Abb. 6.1) wie folgt etabliert (Mell und Grance 2011):

- **SaaS (Software-as-a-Service),**
- **PaaS (Platform-as-a-Service),** und
- **IaaS (Infrastructure-as-a-Service).**

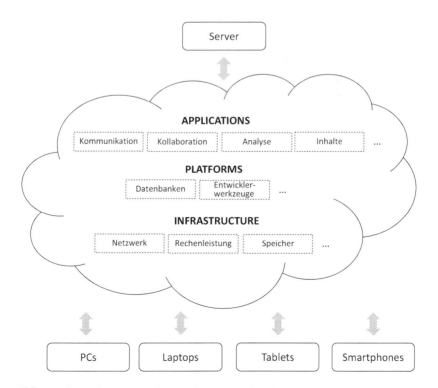

**Abb. 6.1** Cloud Computing. (Quelle: eigene Darstellung)

Viele Start-ups verzichten in der Gründungsphase auf eine umfangreiche IT-Infrastruktur und nutzen die Software- (SaaS) und Platform-Services (PaaS) der Cloudanbieter, entweder über PCs und Laptops oder über sogenannte „Thin Clients" (z. B. Smartphones oder Tablets). Sie benutzen dabei meist die für eine breite Öffentlichkeit zugänglichen IT-Services in Form der sogenannten **Public Cloud**. Renommierte Anbieter bieten auf Basis von State-of-the-Art-Technologien eine hohe Verfügbarkeit und Ausfallsicherheit ihrer Services mit standardisierten und strengen Sicherheitsvorkehrungen für die Datenübertragung und -speicherung an.

Da die Daten in der Public Cloud prinzipiell in allen Ländern der Welt (unter Berücksichtigung ihrer jeweiligen Rechtsordnungen) verarbeitet werden können, ist die Erfüllung aller gesetzlichen Anforderungen durch den Serviceanbieter eine wesentliche Aufgabe bei der Nutzung von Public-Cloud-Leistungen. Es ist rechtlich grundsätzlich auch möglich, dass das Start-up personenbezogene Daten in der Public Cloud verarbeitet. Dazu ist es allerdings notwendig, dass der Serviceprovider als sogenannter **„Auftragsdatenverarbeiter"** mit vertraglicher Bindung agiert und der Auftraggeber seinerseits die notwendigen technischen und organisatorischen Sicherheitsmaßnahmen des Providers, welche dieser im Rahmen des Datenschutzes in Bezug auf personenbezogene Daten erfüllen muss, überprüft. In der Praxis erfolgt das häufig anhand der Verifizierung entsprechender Zertifikate und Prüfberichte des Serviceproviders (Weichert 2010).

Das **Service Level Agreement** (SLA) ist ein wichtiger Vertragsbestandteil mit Cloud-Service-Providern. Zum SLA gehören die Regelungen über die Verfügbarkeit der Leistungen, also die Betriebszeiten, die Verfügbarkeitsquote sowie die Wartungszeiten. Zudem beinhaltet das SLA auch Regelungen zum Support und zur Fehlerbehebung. Hier sind Fehlerklassen zu definieren und Reaktions- sowie Problemlösungszeiten festzulegen. Da Systemausfälle gravierende Folgen haben können, ist es wichtig, diese Punkte sorgfältig zu regeln.

Im Unterschied zur Public Cloud bietet die **Private Cloud** eine Cloud-Umgebung, die ausschließlich von einem Unternehmen verwendet wird. Die **Hybrid Cloud** bietet, nach den Bedürfnissen ihrer Nutzer ausgerichtet, einen kombinierten Zugang zu den virtuellen IT-Infrastrukturen der Public bzw. der Private Cloud.

Amazon bietet zum Beispiel über 50 **Webservices** (sogenannte Amazon Web Services oder AWS) in den Bereichen IaaS und PaaS an. Darüber sind noch zahlreiche SaaS-Angebote von Fremdanbietern über den AWS-Marketplace verfügbar. Damit wird die Entwicklung und der Betrieb leistungsstarker, sicherer und skalierbarer Applikationen in einer virtuellen IT-Umgebung ermöglicht. Microsoft ermöglicht durch Microsoft Azure ähnlich umfangreiche Cloud-Dienste sowie mit Office 365 einen leistungsstarken Dienst für den Backoffice-

Bereich. Nationale Telekomanbieter, wie zum Beispiel die Deutsche Telekom oder A1 in Österreich, bieten ihren Kunden in ihrer Rolle als etablierte Internet Service Provider ebenfalls eine Vielzahl von Cloud Services an. Einzelne Webdienste aus der Cloud können in Form einfacher Workflows (z. B. über die Plattform Zapier.com) auch miteinander kombiniert werden.

Im Zusammenhang mit der **Auswahl und Implementierung von Cloud Computing** im Unternehmen empfiehlt sich für Start-ups folgende prinzipielle Vorgangsweise (Plass et al. 2013):

1. Festlegung und Dokumentation der Cloud-Strategie (Top-down oder Bottom-up) unter Einbeziehung der Bereiche Netzinfrastruktur, Remote-Zugriffe und Internet Security.
2. Identifizierung der Vorteile und Risiken für das eigene Unternehmen.
3. Festlegung, welche Möglichkeiten der Cloud für das Unternehmen genutzt werden sollten und welche nicht.
4. Definition einer IaaS-/PaaS-Strategie in Kombination mit zumindest zwei Cloud-Providern, um dadurch eine längerfristige Partnerschaft mit den Providern zu bilden.

# Webtechnologie als Basis für E-Entrepreneurship

**7**

Das Internet hat sich ausgehend von einem reinen Angebotssystem (Web 1.0), über ein Vernetzungssystem (Web 2.0) hin zu einem Nachfragesystem (Web 3.0) mit starker Individualisierung entwickelt. Im Web 4.0 und in Anwendungen in den Bereichen Industrie 4.0 und Internet-of-Things (IOT) erfolgt mittlerweile eine Maschine-zu-Maschine-Kommunikation über das Internet. Parallel zu dieser technologischen Entwicklung haben sich auch entsprechende elektronische Geschäftsprozesse und Plattformen entwickelt. Diese neuen Möglichkeiten erlauben es Start-ups, weltweit nahezu drei Milliarden User (und damit auch potenzielle Kunden) über optimierte und kostengünstige Vertriebswege zu erreichen.

Die in vielen Lebensbereichen rasch voranschreitende digitale Transformation eröffnet für UnternehmensgründerInnen neue Möglichkeiten in der digitalen Wirtschaft. Auf der Basis von digitalen Prozessen und entlang der digitalen Wertschöpfungskette entstehen neue Produkte, Dienstleistungen und elektronische Geschäftsmodelle. Viele dieser Geschäftsmodelle basieren dabei auch auf bereits bestehenden Mustern, welche an die neuen Möglichkeiten und Rahmenbedingungen des Digital Business angepasst werden. Wird auf dieser Basis ein neues selbstständiges Unternehmen gegründet, wird dieser Vorgang auch als **E-Entrepreneurship** bezeichnet. Vier zentrale Merkmale kennzeichnen diesen Vorgang (Kollmann 2016):

- Die Gründung erfolgt im Umfeld der Net Economy.
- Die Gründung ist durch ein enorm hohes Wachstumspotenzial mit gleichzeitig hohem unternehmerischen Risiko gekennzeichnet.
- Die Gründungs- und Geschäftsidee basiert auf der Nutzung innovativer digitaler Informationstechnologien.
- Das Geschäftsmodell basiert insbesondere auf einer elektronischen Wertschöpfung durch den Kunden.

D. Sternad et al., *Internationalisierung von Start-ups,* essentials,
https://doi.org/10.1007/978-3-658-20405-1_7

In der digitalen Wirtschaft durchläuft das Start-up während der Gründung prinzipiell die drei Phasen Early Stage, Expansion Stage und Later Stage (Kollmann 2016). In jeder dieser Phasen werden IT-basierte Instrumentarien und Methoden eingesetzt.

## 7.1   Early Stage

In der ersten Phase (Early Stage) der Unternehmensgründung unterstützen verschiedene, auf Webtechnologie basierende Methoden den Prozess der Ideenfindung, -formulierung und -umsetzung (Kollmann 2016).

Neben der heute üblichen online und auf Basis von Suchmaschinenrecherchen durchgeführten Markt- bzw. Konkurrenzanalyse können auch spezielle Analysen von Online-Communities (**Netnography**) durchgeführt werden. Mittels qualitativer Inhalts- bzw. Textanalyse werden dabei Interessen, Bedürfnisse und Präferenzen zu einem bestimmten Thema von Personen (z. B. Lead-User) erhoben, die sich im Internet über Probleme und Bedürfnisse bei der Anwendung von Produkt und Dienstleistungen austauschen. Die so gewonnenen Informationen und Erkenntnisse bilden dann den Input für neue Geschäftsmodelle und -ideen (Brauckmann 2010).

Mittels **Crowdsourcing** kann auch eine Generierung von Produktideen und -innovationen online durchgeführt werden. Dabei wird auf die kollektive Intelligenz der Internetuser zurückgegriffen. So können zum Beispiel in Form von Ideenwettbewerben oder Open-Innovation-Prozessen neue Produktideen oder Innovationen entstehen sowie auch Problemlösungen auf speziell dafür konzipierte Plattformen ausgelagert werden (Gassmann 2012).

Im klassischen **Crowdfunding** erhalten die Unterstützer eine nicht-finanzielle Gegenleistung (z. B. in Form einer Ausfertigung des Projektergebnisses) bzw. haben die Unterstützer die Möglichkeit, im Rahmen einer Art Vorverkauf, das Produkt kostengünstig zu erhalten. Anhand dieses Vorgehens kann auch das Marktpotenzial eines Produkts vorab getestet werden. Die aus den Unterstützern des Projekts gebildeten Online-Communities bilden oft den ersten Marktzugang für die Start-ups (Sixt 2014).

In dieser ersten Phase und im Rahmen des Aufbaus der IT-Infrastruktur werden vom Gründerteam Entscheidungen bezüglich des **Sourcings** (des Zukaufs einzelner IT-bezogener Leistungen) getroffen. Die GründerInnen müssen dabei entscheiden, ob Komponenten aus der Cloud bezogen, als nicht cloud-basierte Softwarelösung zugekauft, selbst entwickelt oder in einem Mix bereitgestellt werden. Dabei können im **Cloud Computing** verschiedene Bereitstellungs- und Servicemodelle unterschieden werden (siehe auch Kap. 6). Der Festlegung der Sourcing-Strategie sollte eine Analyse der eigenen Stärken bzw. Schwächen im Prozess- und IT-Know-how vorangehen. Im Anschluss sollten die technischen Anforderungen spezifiziert, die Auswahl der Sourcing-Partner getroffen und die Lösung implementiert werden. Dabei ist zu beachten, dass die Prozesslogik, vor allem im Backoffice-Bereich, durchgängig ist und Transaktionen keine Schnittstellen- oder Medienbrüche aufweisen.

## 7.2 Expansion Stage

In der Phase der eigentlichen Markteinführung des Produkts bzw. der Dienstleistung gelangen die Instrumente des **Online-Marketings** zum Einsatz. Dabei stehen das rasche Wachsen des Unternehmens und die Etablierung des Leistungsangebots am Markt im Vordergrund. Im Rahmen des Online-Marketings werden digitale Technologien, welche leistungsfähige und umfangreiche digitale Marketingkampagnen ermöglichen, eingesetzt. Die wichtigsten davon werden im Folgenden vorgestellt (Kreutzer 2016).

**Search Engine Advertising** Suchmaschinenmarketing (*engl.* „search engine marketing", kurz SEM) vereint verschiedene Maßnahmen, welche die Sichtbarkeit einer Webseite in den Ergebnislisten diverser Suchmaschinendienste (und damit in weiterer Folge auch die Zugriffe auf die eigene Webseite) erhöhen soll. Bei der Suchmaschinenwerbung (*engl.* „search engine advertising", kurz SEA) handelt es sich um bezahlte Werbeeinblendungen, die in Kombination mit den Suchergebnissen angezeigt werden. Die Einblendung erfolgt dabei nicht zufällig, sondern folgt gezielten Keyword-Strategien. Kosten fallen nur dann an, wenn der Benutzer tatsächlich auf eine Anzeige klickt. Das Google AdWords-Programm bietet den Werbenden umfangreiche Werkzeuge zur Analyse des Nutzerverhaltens, um die Auswahl und Festlegung der Keywords zielgruppengerecht durchführen zu können. Der Erfolg von SEA ist unmittelbar über die Klickrate messbar. SEA eignet sich auch dafür, im Rahmen von Kampagnen die eigene Marke bzw. die Produktangebote – unter Umständen auch nur zeitlich begrenzt – schnell einem möglichst großen Zielpublikum bekannt zu machen.

**Search Engine Optimization** Die Suchmaschinenoptimierung (*engl.* „search engine optimization", kurz SEO) versucht durch geeignete Maßnahmen, die Reihung der eigenen Website bei der organischen Suche über eine Suchmaschine zu erhöhen. Im Falle der Suchmaschine Google geht es um eine Erhöhung des sogenannten PageRanks. Der PageRank einer Webseite korreliert mit der Wahrscheinlichkeit, mit der ein zufällig durch das Netz surfender Anwender auf diese Seite stößt. Der Algorithmus dazu wurde von Google Gründer Larry Page (nach ihm wurde der Faktor benannt) entwickelt. Die komplexen Google-Suchalgorithmen bestehen aus über 200 Parametern (sogenannten „Signalen"). Google ändert den Algorithmus in aperiodischen Abständen und verändert dabei auch die Parameter. Seit April 2015 bewertet Google beim Suchmaschinenranking zum Beispiel auch die Fähigkeit einer Webseite, mobile Endgeräte zu unterstützen. Die Algorithmen wurden angepasst, da immer mehr Internet-User Mobilgeräte verwenden und daher auch Seiten mit für diese Endgeräte optimierter Darstellung und angepassten Inhalten bevorzugen. Einige Parameter der Algorithmen sind bekannt und können für die Suchmaschinenoptimierung herangezogen werden. Überprüft werden können die Auswirkungen von Optimierungsmaßnahmen, indem man vor und nach der Optimierung eine Webstatistik-Analyse macht. Die im Rahmen der Optimierung durchgeführten Maßnahmen können innerhalb der Seite (Onsite- oder Onpage-Optimierung) oder außerhalb der Seite (Offsite- oder Offpage-Optimierung) erfolgen. Eine wesentliche Maßnahme im Rahmen der Offsite-Optimierung ist die Erhöhung der Link-Popularität. Eine Maßnahme, um möglichst viele externe Links auf die eigene Seite zu erhalten, ist der Datenaustausch mit Preissuchmaschinen. Da Preissuchmaschinen über sehr viele Links und über umfangreiche bzw. dynamische Inhalte verfügen, werden sie von Suchmaschinen mit einem hohen PageRank ausgezeichnet, was wiederum der Linkpopularität der Webseite zu Gute kommt.

**Display/Banner Advertising** Über Online-Agenturen können auf ausgesuchten Webseiten die gewünschten Umfelder, auf denen grafische Werbemittel (z. B. Banner, Videos oder Buttons) geschaltet werden, gebucht werden. Dabei verfolgt man meist das Ziel, die Bekanntheit oder das Image einer Marke zu erhöhen. Abgerechnet wird dabei entweder über den Tausender-Kontakt-Preis (TKP), Pay-per-Click (für jeden Klick auf das Werbemittel), Pay-per-Lead (für jeden sich auf der Zielseite registrierenden User) oder einen Pay-per-Sale (für jeden Kauf).

**Social-Media-Marketing (SMM)** Das Social-Media-Marketing umfasst Strategien und Konzepte für die umfassende Nutzung von sozialen Medien zur Erreichung von unternehmerischen Zielen. Vorrangiges Ziel ist dabei die Kommunikation mit den (potenziellen) Kunden und die Präsentation von Produkten und Dienstleistungen. Die Vorteile von SMM gegenüber traditionellen Marketingmethoden liegen in den geringeren Kosten und der Interaktivität. Die Social-Media-Aktivitäten können darüber hinaus auch das Suchmaschinenranking eines Unternehmens beeinflussen (siehe auch die Ausführungen zu Search Engine Optimization oben).

**Affiliate-Marketing** Affiliate-Marketing ist eine Form des Marketings, bei der Werbeflächen auf Websites von Partnern eingebunden werden. So werden die möglichen Kunden zunächst indirekt über die Partner angesprochen. Das Ziel ist es dabei, die Internet-User auf das eigene Angebot aufmerksam zu machen. Das werbende Unternehmen (in der Regel ein Online-Shop) wird auch Anbieter, Advertiser oder Merchant genannt. Beim Affiliate-Marketing bietet der Merchant seinem Partner (auch Publisher oder Affiliate genannt) beispielsweise Links oder Werbebanners an, damit dieser auf den Merchant weiterverlinkt. Der Affiliate hat sich zum Beispiel mit seiner Website auf ein spezielles Thema oder Produkt konzentriert, ist für diesen Bereich Experte und bietet den Besuchern seiner Website – z. B. mit Informationen und Testberichten – einen Mehrwert an. Die User vertrauen dem Affiliate und folgen daher oftmals seinen Empfehlungen, für die der Affiliate vom Merchant eine Provision erhält.

**Influencer-Marketing** Beim Influencer-Marketing baut das Unternehmen auf die Reputation von reichweitenstarken Meinungsmachern, welche zum Beispiel über verschiedene Social-Media-Kanäle, Blogs und Video-Plattformen das Unternehmen und seine Leistungen zum Gesprächsgegenstand machen und weiterempfehlen. Mittlerweile vertrauen Kunden in vielen Branchen den Informationen der Influencer stärker als den Informationen, die sie in Unternehmenspräsentationen im Internet finden.

In der Start-up-Szene spricht man oft auch von „**Growth Hacking**", um innovative internetbasierte Methoden der Kundengewinnung zu beschreiben (Lennarz 2017). Der Ansatz des Growth Hackings entstand aus dem Bedarf der zunächst vorwiegend aus Kalifornien stammenden Internet-Start-Ups, ab dem Zeitpunkt des **Product-Market Fit** (PMF) (also wenn das Produkt am Markt gut angenommen wird) so schnell wie möglich am Markt zu wachsen. Das vorrangige Ziel ist ein rasches Wachstum an Nutzerzahlen und Umsatz bei gleichzeitigem minimalem Ressourceneinsatz. Dem Growth Hacker geht es dabei ausschließlich um Wachstum, während die Kunden- sowie Markenbindung im Unterschied zum klassischen Online-Marketing nicht im Vordergrund stehen. Wann der PMF erreicht ist, lässt sich dabei nicht exakt bestimmen. Der Growth Hacking-Pionier Sean Ellis (Ellis und Brown 2017) definierte nach einer Analyse von ungefähr

100 Internet-Startups einen Richtwert, nachdem ein Produkt dann marktreif ist (also den PMF erreicht), wenn 40 % der bestehenden Nutzer bei einer Umfrage angeben, sehr enttäuscht zu sein, wenn das Produkt vom Markt verschwinden würde. Nachdem der PMF erreicht ist, kann mit dem eigentlichen Growth-Hacking-Prozess begonnen werden.

„Growth Hacker" haben meist einen experimentellen Zugang zum Online-Marketing. Sie bilden Hypothesen darüber, welche Maßnahmen wirksam sein könnten, führen diese durch und passen sie anschließend je nach Erfolg weiter an (Patel und Taylor 2017). Bei den Experimenten gelangen Pull-, Push- und Produkt-Taktiken zum Einsatz (Patel und Taylor 2017). Bei den **Pull-Taktiken** (Inbound Marketing-Aktivitäten) wird zum Beispiel qualitativ hochwertiger Content mit Verlinkung im Web positioniert, um so das Interesse potenzieller Kunden zu wecken. Bei den **Push-Taktiken** wird die Aufmerksamkeit des Users durch Werbeelemente (also Inhalte, nach denen der Kunde nicht explizit gesucht hat) auf die eigenen Angebote gelenkt (z. B. über Affiliate-Marketing). Bei den **Produkt-Taktiken** wird das Produkt selbst mit einem Anreizsystem, wie zum Beispiel einer vorübergehenden Freischaltung von Premium Content-Funktionen, kombiniert. Auch Empfehlungssysteme, wie jenes, bei dem Nutzer des Cloud-Dienstes *Dropbox* mehr Speicherplatz erhalten, wenn sie den Dienst weiterempfehlen (dropbox.com 2017), können im Rahmen einer Growth Hacking-Strategie Verwendung finden (siehe Tab. 7.1 für einen Überblick über eine Auswahl weiterer Growth-Hacking-Marketing-Strategien). Mit den zuvor beschriebenen Taktiken versucht der Growth Hacker, die so angesprochenen potenziellen Kunden weiter zu aktivieren, ihnen die Vorteile der eigenen Angebote zu vermitteln und sie schlussendlich zum Kauf zu bewegen. Dabei versucht er auch, die Online-Besucherströme gezielt zu lenken, Texte zu optimieren, Hindernisse im Zusammenhang mit der User Experience abzubauen, spielerische Elemente einzubauen und ausgeklügelte Preisstrategien und -modelle zu entwerfen.

In der Wachstumsphase des Unternehmens sind die Methoden des Growth Hackings speziell für Start-ups eine kostengünstige Methode, um die Marktpräsenz zu erweitern, den Online-Produktverkauf zu unterstützen und auch das Produkt bzw. die Dienstleistung basierend auf Kundenwünschen und -anregungen weiterzuentwickeln und zu optimieren.

**Tab. 7.1**  Auswahl an „Growth-Hacking"-Strategien für Start-ups. (Quelle: in Anlehnung an Lennarz 2017; Patel und Taylor 2017)

| „Growth-Hacking"-Strategie | Beschreibung |
|---|---|
| Blogging/Guest-Blogging | Anziehen von Kunden durch das Posten interessanter Inhalte auf dem eigenen Blog/auf der eigenen Website bzw. durch Gastbeiträge auf anderen Blogs/Websites |
| Podcasting/Videos/Webinar | Anziehen von Kunden durch die Präsentation relevanter Inhalte in Internet-Audio- und Videobeiträgen bzw. im Rahmen von web-basierten Seminaren |
| Leitfäden | Positionierung als ExpertIn für ein bestimmtes Thema durch die Zurverfügungstellung eines Leitfadens im Internet |
| Präsentationen auf Konferenzen | Positionierung als ExpertIn für ein bestimmtes Thema durch Beiträge auf Fachkonferenzen |
| Search Engine Optimization (SEO) | Optimierung der eigenen Website, sodass diese von Suchmaschinen besser gefunden werden kann |
| Nutzung von Social Media | Aufbau von Netzwerken auf Social-Media-Kanälen bzw. deren Nutzung für Kompetenz- und Werbebotschaften |
| Gewinnspiele | Anziehen potenzieller Kunden durch das Anbieten von für eine bestimmte Zielgruppe interessanten Gewinnspiel-Preisen |
| Influencer-Marketing | Kooperationen mit reichweitenstarken Meinungsmachern (online und offline) |
| Cross-Promotion | Vereinbarungen mit anderen (Start-up-)Unternehmen zur gegenseitigen Unterstützung mit Werbemaßnahmen |
| Affiliate-Programme | Platzierung von (Online-)Werbemitteln bzw. -links auf anderen Websites, die dafür Provisionen erhalten (z. B. von der Kaufsumme oder je gewonnenem Neukunden) |
| Netzwerk-Einladungen | Kontaktieren potenzieller Kunden in Social Networks (Kontakte von anderen Mitgliedern einer Zielgruppe) |
| Anreiz-Systeme/ Empfehlungsprogramme | Bieten von Anreizen für die Nutzer, um bestimmte Aktivitäten zu setzen (z. B. Bonuspunkte-Programme für häufige Nutzung; mehr Speicherplatz für Weiterempfehlung etc.) |
| „Backlinks" | In Nachrichten (z. B. E-Mails) eingebaute Links, die auf der eigenen Website zu bestimmten Aktionen anregen (z. B. der Satz „PS: I Love You: Get your free E-Mail at Hotmail", mit dem der E-Mail-Dienst Hotmail potenzielle neue Nutzer auf seine Registrierungsseite lockte) |

## 7.3    Later Stage

Wenn sich ein Start-up erfolgreich am Markt etabliert und sich der Umsatz den Erwartungen entsprechend stabilisiert hat, können verschiedene Online-Methoden zum Zweck der Kundenbindung bzw. Diversifizierung der (internationalen) Geschäftstätigkeit zum Einsatz kommen.

Im Rahmen der langfristigen Kundenbindung wird sehr häufig das Instrument des **E-Mail-Marketings** angewandt. Dabei kann bei richtiger Anwendung mit relativ geringen Kosten eine hohe Responserate erzielt werden. Der Kunde wird direkt und persönlich, auf den Grundprinzipien des Dialogmarketings basierend, angesprochen. Zuvor muss der Kunde aufgrund der rechtlichen Rahmenbedingungen in der Europäischen Union allerdings sein Einverständnis für den regelmäßigen Erhalt eines Newsletters bzw. von personalisierten E-Mail-Nachrichten geben („Opt-In-Gebot") (Kreutzer 2016).

# Unterstützungsmaßnahmen für die Internationalisierung von Start-ups

Das Thema Unternehmensgründung und Start-ups hat sich in vielen Regionen mittlerweile zu einer wichtigen Säule für die zukünftige Standortausrichtung entwickelt, und auch Entrepreneurship wird im gesamten deutschsprachigen Raum von der Politik entsprechend wahrgenommen. Somit sind Förderprogramme, Bildungsinitiativen und spezielle Einrichtungen zur Entwicklung und Förderung von Start-ups entstanden, wodurch mittlerweile eine vielfältige Servicelandschaft für GründerInnen verfügbar ist, die in ihrer Summe auch als eine Art „Start-up-Ökosystem" gesehen werden kann (siehe Abb. 8.1).

Im Vergleich zum anglo-amerikanischen Raum ist allerdings in den deutschsprachigen Ländern der **Zugang zu Risikokapital** schwieriger, obwohl dieses gerade bei Technologie-Start-ups bereits in einer frühen Phase eine bedeutende Rolle spielt. Große finanzielle Herausforderung für Start-ups stellen auch der Markteintritt und der Aufbau eines internationalen Vertriebs dar. Die Förderung und Unterstützung von Export- und Internationalisierungsvorhaben ist allerdings nach wie vor vorwiegend auf die Bedürfnisse von etablierten Unternehmen ausgerichtet.

Aktuell beziehen sich nur wenige Studien auf die Export- und Internationalisierungsförderung von international orientierten Start-ups bzw. „global born firms" (McNaughton und Pellegrino 2015). Grundsätzlich können zunächst folgende allgemeine Ziele für die **klassische Exportförderung** angeführt werden (Seringhaus 1990):

- das Interesse zu wecken und Firmen auf Exportchancen aufmerksam zu machen;
- die Unternehmen bei der Planung und Vorbereitung zu unterstützen;

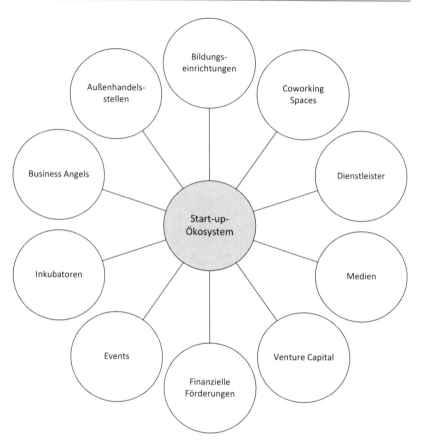

**Abb. 8.1** Das Start-up-Ökosystem. (Quelle: in Anlehnung an Austrian Startups 2012)

- die Unternehmen dabei zu unterstützen, das notwendige Wissen und die erforderliche Expertise für den Markteintritt und die weitere Marktentwicklung zu erlangen und
- eine nachhaltige organisatorische Unterstützung sowie Kostenbeteiligungsprogramme für den Exporteinstieg anzubieten.

In der näheren Betrachtung der **Internationalisierungs-Aktivitäten von Start-ups** fallen folgende Besonderheiten auf:

- Die UnternehmerInnen bzw. die Mitglieder des Gründerteams (und nicht die VertriebsmitarbeiterInnen) sind die Schlüsselpersonen bei der Förderung des Internationalisierungsprozesses (Johanson und Martìn Martìn 2015);
- Start-ups agieren flexibler und schneller bei ihren Internationalisierungsvorhaben, weshalb auch eine institutionelle Unterstützung zeitlich entsprechend angepasst sein sollte (Bell et al. 2003);
- Start-ups zielen mit ihrem Angebot sehr oft auf Nischenmärkte ab und können daher standardisierte Marktinformationen von einschlägigen Institutionen oft nicht nutzen (oft haben die GründerInnen selbst bereits ein fundiertes Wissen über ihren Nischenmarkt) (Bell et al. 2003; McNaughton und Pellegrino 2015);
- Start-ups finanzieren ihr Wachstum meistens über externe Investoren (McNaughton und Pellegrino 2015), was den Schluss vermuten lässt, dass rein finanzielle Zuschüsse nicht die eigentlichen Bedürfnisse abdecken werden.

In Anknüpfung an die Unterschiede zwischen etablierten Unternehmen und Start-ups in Bezug auf ihre Exportaktivitäten können noch folgende spezifische **Herausforderungen und Anforderungen an unterstützende Institutionen** genannt werden:

- Zeitliche Dimension: Wegen der raschen Internationalisierungsprozesse und der oft sehr kurzen Lebenszyklen bei Hightech-Produkten werden Unterstützungsaktivitäten bereits in einem frühen Stadium benötigt (Bell et al. 2003; Pellegrino und McNaughton 2016).
- Inhaltliche Dimension: Start-ups benötigen Unterstützung beim Aufbau sinnvoller Netzwerkbeziehungen, beim Ausgleichen möglicher Ressourcenengpässe (z. B. Personal, Finanzen, Know-how) sowie beim Ausbau der Lern- und Innovationsfähigkeiten (McNaughton und Pellegrino 2015). Für internationale Start-ups ist es wichtig, voneinander zu lernen, ihre Erfahrungen zu teilen und ihre Fachkompetenz im Bereich der Internationalisierung auszutauschen sowie die Kooperation zu fördern (Johanson und Martín Martín 2015; Wright et al. 2007).
- Die holistische Dimension: Besonders gefordert wird eine ganzheitliche und integrierte Perspektive hinsichtlich der Angebotsvielfalt möglicher Unterstützungsmaßnahmen sowie die Berücksichtigung individueller Kontexte und Umstände (Cumming et al. 2009). So können (berufs-)erfahrene Entrepreneure andere Bedürfnisse haben, als GründerInnen, die ihr Start-up während oder kurz nach Abschluss des Studiums auf den Weg bringen.

In Anknüpfung an die oben dargestellten Herausforderungen und Anforderungen im Rahmen der Internationalisierung sind in Tab. 8.1 relevante Unterstützungsmaßnahmen aufgelistet und ihrer Wirksamkeit nach bewertet.

**Tab. 8.1** Unterstützungsmaßnahmen bei der Internationalisierung von Start-ups. (Quelle: eigene Darstellung)

| Herausforderungen | Unterstützungsmaßnahme | Wirksamkeit | | |
|---|---|---|---|---|
| | | kurzfristig | mittelfristig | langfristig |
| Know-how-Herausforderungen | | | | |
| | Beratung | √ | | |
| | Coaching | | | √ |
| | Management auf Zeit | √ | | |
| | Business Angel | | √ | |
| Management-Herausforderungen | | | | |
| | Beratung | √ | | |
| | Coaching | | | √ |
| | Management auf Zeit | √ | | |
| | Business Angel | | √ | |
| Marketing-Herausforderungen | | | | |
| | Beratung | √ | | |
| | Coaching | | | √ |
| | Management auf Zeit | √ | | |
| | Business Angel | | √ | |
| Netzwerk-Herausforderungen | | | | |
| | Nationale Außenhandelsstellen | | √ | |
| | Vertriebspartner | √ | | |
| | Business Angel | | √ | |
| | Kooperation mit Konzern | | √ | |
| Finanzielle Herausforderungen | | | | |
| | Bankkredit | √ | | |
| | Förderungen | √ | | |
| | Business Angel | | √ | |
| | Investoren | | √ | |
| | Crowdfunding | √ | | |

Für den Eintritt in einen neuen Markt braucht es zu Beginn eine fundierte **Informationsbasis.** Diese kann man entweder über eine Beratungsleistung in Form einer Marktstudie zukaufen, oder man versucht, sich das Wissen über eine Marktrecherche intern aufzubauen. In weiterer Folge sind **Managementkompetenz** und **Marketing- und Vertriebskompetenz** gefragt, um die Geschäftstätigkeit in Auslandsmärkten strukturiert ausweiten zu können. Unterstützung benötigen viele Start-ups auch beim Auf- und Ausbau eines **Netzwerks,** das sie zur Umsetzung ihrer Internationalisierungsvorhaben nutzen können. Beim Aufbau eines Netzwerks im Ausland können auch die deutsche Außenhandelskammern oder die Außenwirtschaft Austria wertvolle Unterstützung liefern. Schließlich werden für die Internationalisierung auch **finanzielle Ressourcen** benötigt.

Die Art der Unterstützungsleistung kann in folgenden Ausprägungsformen erfolgen:

- **Beratungsleistung:** Der Zukauf von Beratungsleistungen (zum Beispiel für eine Marktrecherche) macht für ein Start-up Sinn, wenn die Umsetzung innerhalb einer kurzen Zeitspanne erfolgen soll, kaum Kompetenz und Erfahrung beim Gründerteam vorhanden ist, und entsprechende finanzielle Mittel zur Verfügung stehen.
- **Coaching:** Wenn eine grundlegende Wissensbasis (z. B. in den Bereichen Marketing und Vertrieb) beim Gründerteam vorhanden ist, kann man diese über einen professionellen Coaching-Ansatz weiterentwickeln und damit das Start-up „marktfit" machen. Der Vorteil gegenüber der Beratungsleistung ist, dass das Methoden-Know-how auch im Gründerteam aufgebaut wird.
- **Management auf Zeit:** Der Vorteil dieses Ansatzes liegt darin, dass umgehend spezifisches Know-how verfügbar und einsatzbereit ist. Der Nachteil sind die meist hohen Kosten, die mit dem externen Zukauf von Managementkapazitäten verbunden sind.
- **Business Angel und Investoren:** Wenn die entsprechenden Kompetenzen vorhanden sind, ist der Know-how-Zugang über die Miteigentümer ein sehr wertvoller Ansatz. Business Angels investieren oft in ein homogenes Portfolio an Start-ups, somit ist meistens fundiertes Branchenwissen verfügbar. Da die primäre Erwartung an einen Investor das Investment (also die Bereitstellung von finanziellen Ressourcen) ist, sollte früh geklärt werden, ob und wie sich der Investor auch in das Management bzw. die Entwicklung des internationalen Geschäfts einbringen kann.

Die einzelnen Unterstützungsmöglichkeiten können natürlich auch kombiniert werden. Weiterhin kann es auch Sinn machen, dass man Unterstützung durch Beratung, Coaching, Management auf Zeit sowie Business Angels und Investoren auch in einer zeitlichen Abfolge aneinander reiht. Beispielsweise ist der Marktaufbau über ein Partnernetzwerk eine schnell umsetzbare Variante, deren Aufgabe jedoch in weiterer Folge durch das Gründerteam bzw. durch entsprechende interne Managementkapazitäten abgedeckt werden kann. Des Weiteren kann in spezifischen Bereichen die Kooperation eines Start-ups mit einem etablierten (Industrie-)Unternehmen sehr wertvoll sein, da größere Unternehmen neben fachlichem Know-how meistens über ein schlagkräftiges Vertriebsnetz verfügen. Darüber hinaus sind auch private Unterstützungsstrukturen wie Accelerator-Programme eine begehrte und meist sehr geschätzte Möglichkeit der externen Unterstützung für Start-ups. Diese bieten nicht nur finanzielle Unterstützung an (auch in Sachleistungen, wie zum Beispiel in Form von Coworking-Spaces), sondern verfügen darüber hinaus auch über ein gutes Netzwerk und bieten zum Teil auch Mentoringprogramme an.

Ein wesentliches Thema für Start-ups ist immer die **Finanzierung.** Streng genommen könnte man bei ausreichender Finanzierung die diversen Dienstleistungen in den Bereichen Beratung, Coaching oder Management auf Zeit auch zukaufen. Dabei ist Finanzierung über Bankkredite für Start-ups meist weniger interessant, da die Banken größtenteils Sicherstellungen über nahezu 100 % der Kreditsumme einfordern. Ein zunehmend bedeutender Baustein für die Start-up-Finanzierung ist das **Crowdfunding** bzw. **Crowdinvesting.** Zu beachten ist bei dieser Finanzierungsform, die aufgrund der anfallenden Provisionen ziemlich teuer sein kann, dass damit ein gewaltiger Marketingeffekt verbunden sein kann, der einerseits den Bekanntheitsgrad eines neuen Unternehmens und Produktes rasch erhöhen, andererseits aber mit einer Forderung der umgehenden Lieferfähigkeit verbunden sein kann.

# Was Sie aus diesem *essential* mitnehmen können

- Verschafft einen kompakten Überblick über die wichtigsten Herausforderungen bei der Internationalisierung von Start-ups.
- Zeigt Strategien und Wege auf, die neu gegründeten Unternehmen dabei helfen können, ihr Geschäft erfolgreich zu internationalisieren.
- Behandelt alle wesentlichen Voraussetzungen und Einflussfaktoren für den Internationalisierungserfolg von Start-ups.
- Gibt Impulse für die effektive Nutzung von Internet-Technologien im Rahmen von Internationalisierungsinitiativen von Start-ups.
- Bietet Anregungen für Institutionen, die Start-ups bei ihren Internationalisierungsvorhaben unterstützen wollen.

© Springer Fachmedien Wiesbaden GmbH 2018
D. Sternad et al., *Internationalisierung von Start-ups*, essentials,
https://doi.org/10.1007/978-3-658-20405-1

# Literatur

Amit, R., & Schoemaker, P. J. (1993). Strategic assets and organizational rent. *Strategic Management Journal, 14*(1), 33–46.

Andersson, S., & Evangelista, F. (2006). The entrepreneur in the born global firm in Australia and Sweden. *Journal of Small Business and Enterprise Development, 13*(4), 642–659.

Austrian Startups. (2012). Start-up ECO System in Österreich. https://www.austrianstartups.com/ecosystem/. Zugegriffen: 29. Juli 2017.

Bailetti, T. (2012). What technology startups must get right to globalize early and rapidly. *Technology Innovation Management Review, 2*(10), 5–16.

Barney, J. (1991). Firm resources and sustained competitive advantage. *Journal of Management, 17*(1), 99–120.

Barney, J. B. (2001). Resource-based theories of competitive advantage: A ten-year retrospective on the resource-based view. *Journal of Management, 27*(6), 643–650.

Beleska-Spasova, E., Glaister, K. W., & Stride, C. (2012). Resource determinants of strategy and performance: The case of British exporters. *Journal of World Business, 47*(4), 635–647.

Bell, J., McNaughton, R., Young, S., & Crick, D. (2003). Towards an integrative model of small firm internationalization. *Journal of International Entrepreneurship, 1*(4), 339–362.

Brauckmann, P. (2010). *Web-Monitoring: Gewinnung und Analyse von Daten über das Kommunikationsverhalten im Internet.* Konstanz: UVK.

Brouthers, L. E., & Nakos, G. (2005). The role of systematic international market selection on small firms' export performance. *Journal of Small Business Management, 43*(4), 363–381.

Cannone, G., & Ughetto, E. (2014). Born globals: A cross-country survey on high-tech start-ups. *International Business Review, 23*(1), 272–283.

Cannone, G., Costantino, G., Pisoni, A., & Onetti, A. (2012). Drivers of international development for born global companies founded by Italian entrepreneurs. Università dell'Insubria Working Paper. http://eco.uninsubria.it. Zugegriffen: 24. Juli 2017.

Cavusgil, S. T., & Knight, G. (2015). The born global firm: An entrepreneurial and capabilities perspective on early and rapid internationalization. *Journal of International Business Studies, 46*(1), 3–16.

© Springer Fachmedien Wiesbaden GmbH 2018
D. Sternad et al., *Internationalisierung von Start-ups*, essentials,
https://doi.org/10.1007/978-3-658-20405-1

53

Cieslik, J., Kaciak, E., & Welsh, D. H. B. (2010). The effect of early internationalization on survival, consistency, and growth of export sales. *Journal of Small Business Strategy, 21*(1), 39–64.

Cumming, D., Sapienza, H. J., Siegel, D. S., & Wright, M. (2009). International entrepreneurship: Managerial and policy implications. *Strategic Entrepreneurship Journal, 3*(4), 283–296.

Danneels, E. (2008). Organizational antecedents of second-order competences. *Strategic Management Journal, 29*(5), 519–543.

Denk, N., Kaufmann, L., & Roersch, J. (2012). Liabilities of foreignness revisited: A review of contemporary studies and recommendations for future research. *Journal of International Management, 18*(4), 322–334.

dropbox.com. (2017). Sichern Sie sich bis zu 16 GB kostenlosen Dropbox-Speicherplatz. https://www.dropbox.com/referrals. Zugegriffen: 3. Juli 2017.

Eden, L., & Miller, S. R. (2004). Distance matters: Liability of foreignness, institutional distance and ownership strategy. In M. Hitt & J. Cheng (Hrsg.), *Advances in International Management* (Bd. 16, S. 187–221). New York: Elsevier.

Eisenhardt, K. M., & Martin, J. A. (2000). Dynamic capabilities: What are they? *Strategic Management Journal, 21*(10/11), 1105–1121.

Eixelsberger, W., Sternad, D., & Stromberger, M. (2016). *E-Business im Export: Eine kompakte Einführung.* Wiesbaden: Springer Gabler.

Ellis, S., & Brown, M. (2017). *Hacking growth: How today's fastest-growing companies drive breakout success.* New York: Crown Business.

Evangelista, F. (2005). Qualitative insights into the international new venture creation process. *Journal of International Entrepreneurship, 3*(3), 179–198.

Evers, N. (2011). Why do new ventures internationalise? A review of the literature of factors that influence new venture internationalisation. *Irish Journal of Management, 30*(2), 17–46.

Freeman, S., Edwards, R., & Schroder, B. (2006). How smaller born-global firms use networks and alliances to overcome constraints to rapid internationalization. *Journal of International Marketing, 14*(3), 33–63.

Gassmann, O. (2012). *Crowdsourcing – Innovationsmanagement mit Schwarmintelligenz: – Interaktiv Ideen finden – Kollektives Wissen effektiv nutzen – Mit Fallbeispielen und Checklisten.* München: Hanser.

Hahn, C. (2013). *Finanzierung und Besteuerung von Start-up-Unternehmen: Praxisbuch für erfolgreiche Gründer.* Wiesbaden: Springer Gabler.

Hall, S. (2011). *The social wave: Why your business is wiping out with social media and how to fix it.* Irvine, CA: Entrepreneur Media Inc.

Helfat, C. E., & Peteraf, M. A. (2003). The dynamic resource-based view: Capability lifecycles. *Strategic Management Journal, 24*(10), 997–1010.

Hitt, M. A., Bierman, L., Uhlenbruck, K., & Shimizu, K. (2006). The importance of resources in the internationalization of professional service firms: The good, the bad, and the ugly. *Academy of Management Journal, 49*(6), 1137–1157.

Höfferer, M., Lenger, T., & Sternad, D. (2014). *Der Exportprozess: Eine kompakte Einführung.* Wiesbaden: Springer Gabler.

Johanson, M., & Martín Martín, O. (2015). The incremental expansion of born internationals: A comparison of new and old born internationals. *International Business Review, 24*(3), 476–496.

Kafouros, M. I., Buckley, P. J., Sharp, J. A., & Wang, C. (2008). The role of internationalization in explaining innovation performance. *Technovation, 28*(1), 63–74.

Karra, N., Phillips, N., & Tracey, P. (2008). Building the born global firm: Developing entrepreneurial capabilities for international new venture success. *Long Range Planning, 41*(4), 440–458.

Kenny, B., & Fahy, J. (2011). Network resources and international performance of high tech SMEs. *Journal of Small Business and Enterprise Development, 18*(3), 529–555.

Knight, G. A., & Cavusgil, S. T. (2004). Innovation, organizational capabilities, and the born-global firm. *Journal of International Business Studies, 35*(2), 124–141.

Kollmann, T. (2016). *E-Entrepreneurship: Grundlagen Unternehmensgründung in der Digitalen Wirtschaft* (6. Aufl.). Wiesbaden: Springer Gabler.

Kreutzer, R. T. (2016). *Online-Marketing.* Wiesbaden: Springer Gabler.

Laanti, R., Gabrielsson, M., & Gabrielsson, P. (2007). The globalization strategies of business-to-business born global firms in the wireless technology industry. *Industrial Marketing Management, 36*(8), 1104–1117.

Lenger, T., & Novak, V. (2013). Die Zahlungsabwicklung bei internationalen Geschäften. In D. Sternad, M. Höfferer, & G. Haber (Hrsg.), *Grundlagen Export und Internationalisierung* (S. 231–244). Wiesbaden: Springer Gabler.

Lehmann, R., & Schlange, L. E. (2004). Born Global – Die Herausforderungen einer internationalen Unternehmensgründung. *Zeitschrift für KMU & Entrepreneurship, 52*(3), 206–224.

Lennarz, H. (2017). *Growth Hacking mit Strategie: Wie erfolgreiche Startups und Unternehmen mit Growth Hacking ihr Wachstum beschleunigen.* Wiesbaden: Springer Gabler.

Luostarinen, R., & Gabrielsson, M. (2002). Globalization and global marketing: Strategies of born globals in SMOPECs. *Annual Conference of the European International Business Academy,* Athen, 8.–10. Dezember.

Mahmood, Z., & Hill, R. (2011). *Cloud computing for enterprise architectures.* London: Springer Science & Business Media.

Mathews, S., Bianchi, C., Perks, K. J., Healy, M., & Wickramasekera, R. (2016). Internet marketing capabilities and international market growth. *International Business Review, 25*(4), 820–830.

McNaughton, R. B., & Pellegrino, J. M. (2015). Policy implications of international entrepreneurship. In S. A. Fernhaber & S. Prashantham (Hrsg.), *The Routledge Companion to International Entrepreneurship* (S. 235–244). New York: Routledge.

Mell, P., & Grance, T. (2011). The NIST definition of cloud computing. *NIST Special Publication 800-145,* National Institute of Standards and Technology, U.S. Department of Commerce.

Moen, Ø. (2002). The born globals: A new generation of small European exporters. *International Marketing Review, 19*(2), 156–175.

Nordman, E. R., & Melen, S. (2008). The impact of different kinds of knowledge for the internationalization process of born globals in the biotech business. *Journal of World Business, 43*(2), 171–185.

Patel, N. & Taylor, B. (2017). The Definitive Guide to Growth Hacking. https://www.quicksprout.com/the-definitive-guide-to-growth-hacking/. Zugegriffen: 24. Juli 2017.

Pellegrino, J. M., & McNaughton, R. B. (2016). Beyond learning by experience: The use of alternative learning processes by incrementally and rapidly internationalizing SMEs. *International Business Review, 26*(4), 614–627.

Pinkwart, A., & Proksch, D. (2014). The Internationalization behavior of German high-tech start-ups: An empirical analysis of key resources. *Thunderbird International Business Review, 56*(1), 43–53.

Plass, C., Rehmann, F. J., Zimmermann, A., Janssen, H., & Wibbing, P. (2013). *Chefsache IT: Wie Sie Cloud Computing und Social Media zum Treiber Ihres Geschäfts machen.* Berlin: Springer Gabler.

Rennie, M. W. (1993). Born global. *The McKinsey Quarterly, 4*, 45–52.

Reuber, A. R., & Fischer, E. (2011). International entrepreneurship in internet-enabled markets. *Journal of Business Venturing, 26*(6), 660–679.

Rialp, A., Rialp, J., & Knight, G. A. (2005). The phenomenon of early internationalizing firms: what do we know after a decade (1993–2003) of scientific inquiry? *International Business Review, 14*(2), 147–166.

Royer, I. (2013). Exportfinanzierung. In D. Sternad, M. Höfferer, & G. Haber (Hrsg.), *Grundlagen Export und Internationalisierung* (S. 261–281). Wiesbaden: Springer Gabler.

Sapienza, H. J., Autio, E., George, G., & Zahra, S. A. (2006). A capabilities perspective on the effects of early internationalization on firm survival and growth. *Academy of Management Review, 31*(4), 914–933.

Sasi, V., & Arenius, P. (2008). International new ventures and social networks: Advantage or liability. *European Management Journal, 26*(6), 400–411.

Schwens, C., & Kabst, R. (2011). Internationalization of young technology firms: A complementary perspective on antecedents of foreign market familiarity. *International Business Review, 20*(1), 60–74.

Seringhaus, F. R. (1990). Program impact evaluation: Application to export promotion. *Evaluation and Program Planning, 13*(3), 251–265.

Sixt, E. (2014). *Schwarmökonomie und Crowdfunding: Webbasierte Finanzierungssysteme im Rahmen realwirtschaftlicher Bedingungen.* Wiesbaden: Springer Gabler.

Sleuwaegen, L., & Onkelinx, J. (2014). International commitment, post-entry growth and survival of international new ventures. *Journal of Business Venturing, 29*(1), 106–120.

Spence, M., & Crick, D. (2009). An exploratory study of Canadian international new venture firms' development in overseas markets. *Qualitative Market Research: An International Journal, 12*(2), 208–233.

Sternad, D. (2013a). Die Internationalisierungsentscheidung. In D. Sternad, M. Höfferer, & G. Haber (Hrsg.), *Grundlagen Export und Internationalisierung* (S. 9–24). Wiesbaden: Springer Gabler.

Sternad, D. (2013b). Beurteilung und Auswahl von Zielmärkten. In D. Sternad, M. Höfferer, & G. Haber (Hrsg.), *Grundlagen Export und Internationalisierung* (S. 41–60). Wiesbaden: Springer Gabler.

Sternad, D. (2013c). Formen des Markteintritts. In D. Sternad, M. Höfferer, & G. Haber (Hrsg.), *Grundlagen Export und Internationalisierung* (S. 61–81). Wiesbaden: Springer Gabler.

Sternad, D., Jaeger, S., & Staubmann, C. (2013). Dynamic capabilities of resource-poor exporters: A study of SMEs in New Zealand. *Small Business Research, 20*(1), 2–20.

Teece, D. J., Pisano, G., & Shuen, A. (1997). Dynamic capabilities and strategic management. *Strategic Management Journal, 18*(7), 509–533.

Tolstoy, D., & Agndal, H. (2010). Network resource combinations in the international venturing of small biotech firms. *Technovation, 30*(1), 24–36.

Wach, K. (2015). Entrepreneurial orientation and business internationalization process: The theoretical foundations of international entrepreneurship. *Entrepreneurial Business and Economics Review, 3*(2), 9–24.

Weerawardena, J., Mort, G. S., Liesch, P. W., & Knight, G. (2007). Conceptualizing accelerated internationalization in the born global firm: A dynamic capabilities perspective. *Journal of World Business, 42*(3), 294–306.

Weichert, T. (2010). Cloud Computing und Datenschutz. https://www.datenschutzzentrum.de/cloud-computing/20100617-cloud-computing-und-datenschutz.html. Zugegriffen: 8. Sept. 2017.

Westhead, P., Wright, M., & Ucbasaran, D. (2001). The internationalization of new and small firms: A resource-based view. *Journal of Business Venturing, 16*(4), 333–358.

Wright, M., Westhead, P., & Ucbasaran, D. (2007). Internationalization of small and medium-sized enterprises (SMEs) and international entrepreneurship: A critique and policy implications. *Regional Studies, 41*(7), 1013–1030.

Yamin, M., & Sinkovics, R. R. (2006). Online internationalisation, psychic distance reduction and the virtuality trap. *International Business Review, 15*(4), 339–360.

Zaheer, S. (1995). Overcoming the liability of foreignness. *Academy of Management Journal, 38*(2), 341–363.

# Lesen Sie hier weiter

Matthias Schäfer, Anabel Ternès *Hrsg.*

**Start-ups international:
Gründergeschichten rund
um den Globus**
Erfolgsfaktoren, Motivationen
und persönliche Hintergründe

1. Aufl. 2016, XXVI, 336 S., 89 Abb.
Softcover € 34,99
ISBN 978-3-658-10081-0

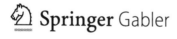

Springer Gabler

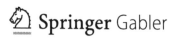

Printed in the United States
By Bookmasters